20分で4品ごはん

講談社

はじめに 4
ガスコンロを同時に使って
「20分で4品ごはん」を作るために 6

目次

Part1 週末のごはん

クリームパスタとフリットが主役の
イタリアンコース 12
- ベーコンとれんこんのクリームフェトチーネ
- えびと野菜のチーズフリット
- かぶと帆立て貝のグリル焼きアンチョビソース
- 洋なしのコンポート

鶏肉とたっぷりの野菜を使った
ヘルシーな中華の献立 16
- 野菜たっぷりあんかけ焼きそば
- しっとり鶏胸肉の香味ソース
- 帆立ての甘辛じょうゆ漬け焼き サラダ仕立て
- 鶏白湯（パイタン）スープ

秋のおいしい海の幸・山の幸を味わう
和食の献立 20
- 秋鮭の南蛮漬け
- 青梗菜（チンゲンツァイ）としめじの蒸し炒め
- 彩り洋風白和え
- 焼きなすのみそ汁

おうちで本場韓国の焼き肉を楽しむ
スタミナ献立 24
- 豚の韓国風焼き肉
- キムチ豆腐
- なすのナムル
- 子大豆もやしのスープ

さわやかパスタとハーブが香る
豚肉がメインの夏の週末ごはん 28
- カッテージチーズパスタ
- 豚ヒレ肉のしそマスタード焼き
- 夏野菜のトマトスープ
- 焼きバナナマシュマロ

牛肉ステーキと秋の味覚満載の組み合わせ 32
- きのこのペンネ
- 牛肉ステーキバルサミコ風味
- レンズ豆とさつまいものサラダ
- 焼きいちじくのヨーグルト添え

大好きな定番メニューを組み合わせた本格中華 36
- えびのチリソース
- 豆腐の肉詰めグリル焼き
- れんこんとかぶのXO醤炒め
- コーンスープ

大きいカット肉を使った
黒酢の酢豚が豪華な食卓 37
- ごちそう酢豚
- はまぐりと春野菜の酒蒸し
- ささ身とレタスのスープ
- バナナのごまクリーム巻き

イタリアンの伝統料理と
ヌードル野菜のブランチスタイル 42
- ソーセージとレンズ豆の煮もの
- ココット入りエッグベネディクト
- ヌードル風温野菜サラダ
- あったか豆乳のヴィシソワーズ

みそ、しょうゆを使った
和テイストのイタリアン 43
- かぼちゃの和風リゾット
- ポークソテー・マスタードソース
- かぶとベーコンのスープ
- ベイクドアップル

冬の味覚を上品なだしとともに味わう
和食の一汁三菜 48
- ぶりの香り竜田揚げ
- えびと豆腐のうま煮
- 季節のグリル野菜の和風マリネ
- かき玉汁

色彩と香り豊かな地中海料理で華やかな食卓 52
- 鶏肉のスパイシーご飯
- サーモンのアクアパッツァ
- きのこと豆のズッパ
- 淡色野菜のグリルサラダ

Part2　ふだんのごはん

鶏肉の照り焼きの献立　60
- 鶏肉の照り焼き
- れんこんとベーコンの塩炒め
- ブロッコリーのごま和え
- けんちん汁

豚肉のしょうが焼きの献立　61
- 豚肉のしょうが焼き
- 新じゃがのバターじょうゆ煮
- 焼き竹の子とそら豆のからしじょうゆ
- アスパラと豆腐のみそ汁

塩焼き鶏のトマトのせの献立　66
- 塩焼き鶏のトマトのせ
- なすとピーマンのごまみそ炒め煮
- ゴーヤの梅ツナ和え
- オクラとめかぶのお吸いもの

豚肉のみそ漬け焼きの献立　67
- 豚肉のみそ漬け焼き
- 白菜とさつま揚げの煮びたし
- 大根のゆずみそのせ
- 小松菜と油揚げのみそ汁

秋なすと豚肉の炒めものの献立　72
- 秋なすと豚肉の炒めもの
- かに玉風あんかけ
- いろいろきのこのグリル焼き
- 青梗菜とハムのクリームスープ

いかとトマトのにんにく炒めの献立　73
- いかとトマトのにんにく炒め
- あじのごま焼き
- 野菜の揚げびたし
- 豆腐のすり流しみそ汁

さわらのマヨしょうゆ焼きの献立　78
- アスパラ・じゃこご飯
- さわらのマヨしょうゆ焼き
- 豆腐のひき肉あんかけ
- 新じゃがのみそ汁

たらのホイル焼き甜麺醬ソースの献立　79
- チャーハン
- たらのホイル焼き甜麺醬ソース
- カリフラワーの甘酢炒め
- 豆腐とにらのスープ

ひよこ豆入りキーマカレーの献立　84
- ひよこ豆入りキーマカレー
- えびのタンドリー風
- じゃがいもとしし唐の炒めもの
- にんじんラペ

鶏手羽元のポトフの献立　85
- 鶏手羽元のポトフ
- 豆腐とミニトマトのガーリックソテー
- じゃがいもの簡単グラタン
- ブロッコリーとカリフラワーのホットサラダ

家飲みのおつまみは20分で6品

夏の家飲み　56
- 3色スティックかじきのソテー　魚介のアヒージョ
- ズッキーニのスペイン風オムレツ　ラタトゥイユ
- トマトのブルスケッタ　バーニャカウダ

春の家飲み　90
- あさり・ベーコン・そら豆の蒸し焼き　大人のポテサラ
- アスパラマリネ　揚げワンタンチップスのせサラダ
- えびとスナップえんどうのホイル焼き
- カマンベールチーズグリル焼き
- いちごソースがけバニラアイス

作りおきで家飲み　93
- グリルローストビーフ　ピクルス

索引　94

はじめに

ガスコンロの同時調理で、ゆとりある暮らしを

東京ガスでは「おいしく、はやく、簡単」な家庭調理のニーズにお応えするために、海外を含め様々な食生活調査や研究などを行っています。そのなかで出会ったイタリアマンマの調理スタイルが「ガスコンロとグリルを使って20分で4品ごはん」のヒントになりました。イタリアでは家庭のガスコンロは4〜5口が主流で、マンマたちはガスコンロを同時に使って短時間で料理を仕上げ、余裕ができた時間で家族と団らんするなど、ゆとりある生活を送っていました。

女性の社会進出が進み、ワーキングマザーがますます増えてきています。

東京ガス都市生活研究所が、ワーキングマザーを含む子育て中のママを対象に行った「時短・省手間」に関する調査[1]によると、「現在時間を短縮していること」と「今より時間を短縮したいこと」の両方の項目で回答率の高かったのが「料理をすること」でした。調理の時短に対するママたちのニーズの高さがうかがえます。

一方で、同調査の「家族といっしょにとる平日の夕食の実態」を詳しく調べた結果からは、準備に30分〜1時間かけて3〜4品を作っている人の割合が多く、食事を用意する際には、「食材をバランスよくとりたい」「家族がおいしいと思う料理を作りたい」ということを大切にしていることがわかりました。

限られた時間のなかで家族への愛情たっぷりの料理を作るために奮闘中のママたち。そんなママたちに、ぜひ取り入れていただきたいのが「3口のガスコンロとグリルを使った同時調理」です。日本ではガスコンロは3口が主流です。そこで4口目のコンロとしてグリルの活用をおすすめしています。

3口のガスコンロとグリルを同時に活用すれば、イタリアマンマのように、おいしい4品をたった20分で仕上げることができます。

1) 都市生活レポート「子育てママの時短・省手間」
子どもがいる20〜40代既婚女性900名を対象に調査を実施。

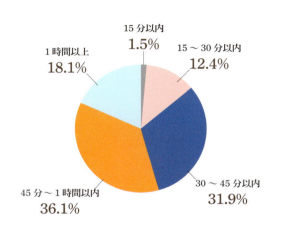

平日、家族といっしょの夕食の用意にかかる時間

- 15分以内 1.5%
- 15〜30分以内 12.4%
- 30〜45分以内 31.9%
- 45分〜1時間以内 36.1%
- 1時間以上 18.1%

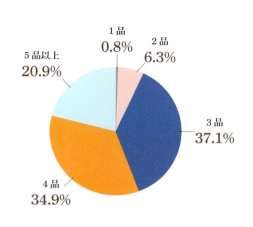

平日、家族といっしょの夕食の品数

- 1品 0.8%
- 2品 6.3%
- 3品 37.1%
- 4品 34.9%
- 5品以上 20.9%

*4〜5ページのグラフは、いずれも子どもがいる20〜40代既婚女性の集計値

献立に困らないよう、すべて4品献立で提案しています

　子育て中のママたちが食事作りでいちばん頭を悩ませているのが毎日の献立です。東京ガス都市生活研究所の調査[2]では、子育て中のママたちの約8割が、献立を考えることは面倒だと答えています。ママたちが望む"時間をかけないで作れる、家族が喜ぶバランスのよい献立"となると、とてもハードルが高く、この数字もうなずけます。
　そこで、この本ではそんなニーズに合った、20分でできる献立を紹介しています。

　Part1は「週末のごはん」。週末といっても、日ごろできない家事や家族とのお出かけにと大忙しで、できれば短時間で食事作りをすませたいというのが本音ではないでしょうか？　この章では、20分でできる、ふだんよりちょっと豪華で食卓が華やぐ献立を提案しています。デザートつきのイタリアン、上品な和食の一汁三菜、人気メニューの中華の献立などを盛り込みました。

　Part2は「ふだんのごはん」。毎日の食事作りで登場回数が多い「フライパンで肉を焼く」「グリルで肉を焼く」「グリルで魚を焼く」「季節の食材を使った炒めもの・煮もの」をテーマに、2献立ずつを紹介しています。

　「3口のガスコンロとグリルを使った同時調理」は、料理に集中するのは、たった20分間です。一気に作って、ゆとりができた分を家族や自分のために使いましょう。
　子育て中のママたちだけでなくパパはもちろん、仕事や習い事、趣味、いろいろなおつきあいなどで日々忙しいみなさまにおすすめします。

2)「生活分野別調査2015（食）」
子ども（0歳〜学生）がいる20〜40代既婚女性171名を対象に調査を実施。

東京ガス「食」情報センター

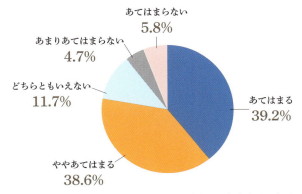

毎日の献立を考えることは面倒だと思う

- あてはまる 39.2%
- ややあてはまる 38.6%
- どちらともいえない 11.7%
- あまりあてはまらない 4.7%
- あてはまらない 5.8%

東京ガス都市生活研究所は、社会の変化や都市に暮らす生活者についての多面的な調査・分析により、生活者が豊かな暮らしを創造するための情報を提供すると共に様々な提言を行っています。

ガスコンロを同時に使って「20分で4品ごはん」を作るために

20分に含まれているのは加熱時間だけではありません。
材料を切る時間なども含まれています。
ここでは、20分を有効活用し、家族が笑顔になる食卓作りの秘訣をご紹介します。

シンプルな調理法でもおいしい！ 旬の食材を使う

日本では、四季折々の豊かな食材が手に入ります。
いつもの食事作りで、旬を意識したことありますか？
自然のリズムで育った旬の食材はおいしく、
シンプルな調理法で大満足！
旬の食材を使うことは、
調理の手間を減らすことにつながります。

むだのない手順で作る 段取り力がものをいう

短時間で同時に料理を作るためには、なんといっても段取りが大切です。

○ **作りたい料理のでき上がりと手順をイメージする**
　頭の中で各料理の工程を簡単にシミュレーションしておきましょう。

○ **調理に取りかかる前に、必要な材料は調理台などに並べておく**
　その都度冷蔵庫の野菜室を探していては、時間がむだになってしまいます。

○ **加熱時間の長いものから取りかかる**
　4品を同じタイミングで食卓に並べるためには、終了時間にも気を配り、
　作りやすいものから作るのではなく、加熱に必要な時間を考えましょう。

レシピにガスコンロの加熱時間のタイムテーブルをつけました。

料理	0	5	10	15	20(分)	バーナー
ベーコンとれんこんのクリームフェトチーネ	🔥🔥🔥		パスタと野菜をゆでる・ソースを作る			🔥🔥🔥：大火力バーナー
えびと野菜のチーズフリット	🔥🔥		野菜とえびを揚げる			🔥🔥：標準バーナー
洋なしのコンポート	🔥	洋なしを煮る				🔥：小バーナー
かぶと帆立て貝のグリル焼きアンチョビソース	(グリル)			かぶと帆立てを焼く		グリル

＊レシピ中の下ごしらえ（米の浸水・つけ込み）は20分の調理時間には含まれません。

3口のコンロとグリルを同時活用　ガスコンロを使いこなす

各バーナーの特性を知り、それに適した使い方をすれば、短時間でおいしくできます。
グリルは複数の食材を同時に焼くことも、焼く以外の調理もできる頼もしい味方です。
また、ガスコンロにはタイマーや温度調節機能といった便利な機能がついていて、
同時調理をしっかりサポート。
ガスコンロに任せられるところは任せてしまえば、簡単に4品できます。

＊ガスコンロによっては、火力が左右逆または同じタイプもあります。

小バーナー
最も火力の弱いバーナー。小さめの鍋の調理や保温、温め直しに向いています。自動炊飯機能つきのものもあります。
おすすめ▶汁もの、少量のゆでもの

大火力バーナー
いちばんパワーのある強火で、高温短時間調理の炒めものや、パスタをゆでるときなどに最適。火力を調節すれば揚げもの、蒸しもの、煮ものにも使えます。
おすすめ▶炒めもの、パスタなどをゆでる

標準バーナー
とろ火から強火まで幅広く使えるオールマイティなバーナー。
おすすめ▶揚げもの、煮もの、蒸しもの

グリル
オーブンのように予熱の必要もなく短時間で高温になり、加熱時間が短くなります。上下にバーナーがある両面焼きタイプと上火のみの片面焼きタイプがありますが、両面焼きタイプは裏返す必要がなく便利です。片面焼きの場合は、途中で裏返し、加熱時間は両面焼きの約1.5倍長めにしてください。また、受け皿に水を入れるタイプと入れる必要のないタイプがあります。

こんなに使える！　グリル

○**一度に複数のものが焼ける**
たとえば魚や肉を焼くときに、つけ合わせの野菜なども同時に焼きましょう。時間の短縮にも省エネにもなります。加熱時間が違う場合は、出し入れのタイミングで時間の調整を。

○**野菜の下ごしらえ**
アルミホイルに野菜と少量の水を入れて包んで焼けば、下ゆで代わりになります。鍋を出して湯を沸かす手間も後片づけの面倒もありません。

ガスコンロの便利な機能

○**温度調節機能**
設定した温度まで加熱したら、その後自動的に強火と弱火を繰り返して適温を保つ機能。手動で火力を調節する必要がありません。

○**コンロ調理タイマー**
設定した時間になると「お知らせ音」が鳴り自動で消火。加熱のしすぎなどの心配もなく便利。グリルにも調理タイマーがついています。

時間と手間を節約　便利な調理器具を活用する

「切る」「加熱」などの際に、それぞれに適した便利な道具を使えば、よりスピーディに。

○中華鍋＆炒め鍋

炒めものやチャーハンなどの高温短時間調理が得意ですが、めんをゆでるときや揚げものなどにも向いています。めんをゆでる場合、お湯を沸かすのが大変ですが、熱伝導がいい中華鍋や炒め鍋は短時間で沸き、さらにふたがあると加熱時間を短縮できます。また、ガスの炎が鍋の側面にも当たり、湯の対流が外から内側に向かうため、吹きこぼれにくいという特長もあります。
揚げものをする場合は、底が丸いので少量の油でも深さが出るため、底が平たい鍋よりも使用油が少なくてすみます。

パスタのほか、そうめんなどをゆでるときもおすすめ。

白菜など、かさばる野菜を煮るときにも重宝。

○スライサー

野菜を薄く切ることは加熱時間の短縮になりますが、4人分となると時間がかかってしまいます。スライサーなら、玉ねぎやじゃがいもなどの薄切りやにんじんのせん切りがシャッシャッと簡単にできます。指ガードつきのものがあると安心です。

○トング

揚げものをするとき、肉を焼くとき、野菜をゆでるときなど、菜箸よりもしっかりとつかむことができて安心です。ロングパスタの盛りつけにも重宝します。

○ピーラー

皮つきのまま調理することをおすすめしていますが、皮がかたいもの、料理によって口触りが気になる場合は皮をむいて使います。ピーラーなら、急いでいても同じような厚さでむくことができます。また、にんじんやズッキーニなどを縦に長くリボン状にスライスすれば、包丁では出せない独特の食感を楽しむことができます。

○キッチンばさみ

包丁とまな板を使わずに野菜も肉も切ることができるのがキッチンばさみの最大の魅力。たとえば、みそ汁のねぎなども、キッチンばさみなら切りながら鍋の中に直接投入できます。切りにくい皮つきの鶏肉もラクラク。

20分で4品作ったら　盛りつけにもひと工夫

盛りつけもおいしさの大切な要素です。
シンプルな料理こそ、盛りつけにもこだわりましょう。
葉物野菜やハーブを添えるといったひと工夫で、スピード料理がランクアップ！
見た目の美しさでも食欲をそそります。
大皿に盛りつければ銘々に盛りつける手間が省けるうえに、ボリュームが出てごちそう感が増します。

○大皿に盛りつけて

いつもの料理も大皿に盛りつけるとホームパーティーのような雰囲気に。料理に合ったサーバーも添えて。

○ハーブを添えて

イタリアンならルッコラやパセリ、バジルなど、中華やエスニックには香菜(シャンツァイ)、和食にはあさつきや青じそなどがおすすめ。

○野菜を添えて

見た目が華やかになるだけでなく栄養の面でもバランスがアップ。

もっとスピード調理のための小ワザ

○にんにくは包丁でつぶす
薄切りするよりも包丁でつぶすほうが断然早くできます。にんにくの平らな面を下にしてまな板にのせ、体重をかけて包丁の腹でつぶします。

○粉や調味料を材料にまぶすとき、つけ込むときにポリ袋を使う
ポリ袋を使えば、手が汚れないうえに均一になじませることができます。冷蔵庫などに入れてつけ込む場合も場所をとりません。

○野菜はゆでずに"蒸しゆで"
ゆでる場合は、たっぷりのお湯を沸かすのに時間がかかりますが、少量の水を入れてふたをする"蒸しゆで"ならすぐに下ゆで完了。

○給湯器のお湯を利用する
パスタをゆでるときなど、給湯器のお湯なら短時間で沸くので便利です。

献立を決めるときに気をつけたいこと

通常、献立を考える場合、まずバランスに気をつけますが、
"20分で4品"作る場合は、特に調理法の組み合わせがカギになります。
あわてずに"20分で4品"作るために大切なことは、次の4点です。

○ 材料の切りものが少ない料理を入れる、切りものが多い料理は組み合わせない
　せん切り、みじん切りが必要な料理はできるだけ減らし、
　みじん切りのかわりに"おろす"など切り方を工夫する。

○ 炒めものが2品にならないようにする
　炒めものは、つきっきりで混ぜるなど手がふさがってしまうので、
　1品にするか、作業が重ならないように時間配分を考える。

○ コンロ任せにできる料理を入れる
　煮ものや蒸しもの、グリル調理など、ほうっておける料理がおすすめ。

○ 小バーナーの特性に合った料理を組み合わせる
　小バーナーには汁ものや野菜の下ゆでなどを取り入れると献立の幅が広がる。

実際にこの本の中の献立で解説しましょう。

○ 小バーナーでけんちん汁、にんじんの下ゆで。

○ 炒めものは1品。れんこんやじゃがいもは皮つきで使用。切り方も乱切りやくし形切りだから時間がかからない。

○ 鶏肉はこまめに引っくり返さずにじっくり焼き、カレーは材料を炒めた後は煮込むだけなので手がふさがらない。

○ ブロッコリーの蒸し焼きとえびのタンドリー風はグリルにお任せ。

鶏肉の照り焼き
れんこんとベーコンの塩炒め
ブロッコリーのごま和え
けんちん汁
(60ページ)

ひよこ豆入りキーマカレー
えびのタンドリー風
じゃがいもとしし唐の炒めもの
にんじんラペ
(84ページ)

Part1

週末のごはん

ふだんよりちょっと豪華で
食卓が華やぐ献立です。
デザートつきのイタリアンや
旬を味わう和食の一汁三菜、
人気メニューの中華の食卓を
お楽しみください。

クリームパスタとフリットが主役の
イタリアンコース

レシピ 14〜15 ページ

ベーコンとれんこんのクリームフェトチーネ／えびと野菜のチーズフリット／
かぶと帆立て貝のグリル焼きアンチョビソース／洋なしのコンポート

秋 クリームパスタとフリットが主役の イタリアンコース

スパゲッティよりもゆで時間の短いフェトチーネを使って時間を短縮。
イタリア語で揚げものの意の「フリット」は、衣に粉チーズを加えて香りと塩味をプラス。
えびやかぼちゃの甘みを引き立てます。

ベーコンとれんこんのクリームフェトチーネ

パスタと具の野菜をいっしょにゆでて一つの鍋で作ります

材料 4人分
- フェトチーネ……200g
- れんこん……5cm
- ほうれんそう……1/2わ
- ベーコン……2枚
- 生クリーム……カップ1/2
- にんにく……1かけ
- オリーブオイル……大さじ1
- 塩、こしょう……各少々

作り方

[材料を切る]

❶ れんこんは皮つきのまま2～3mm厚さの輪切りか半月切りにする。ほうれんそうは4cm長さに切る。ベーコンは5mm幅に切る。にんにくは包丁でつぶす。

[パスタと具をゆでる]

❷ 中華鍋に水約2ℓを入れて強火にかけ、沸騰したら塩大さじ1強(分量外)を加え、フェトチーネとれんこんを入れて、袋の表示時間通りにゆでる。

❸ ゆで上がりの約30秒前にほうれんそうを加え、時間になったらいっしょにざるにあげ、水けをきる。

[ソースを作ってパスタと合わせる]

❹ ❸の中華鍋にオリーブオイル、にんにくを入れて中火にかけ、香りが立ってきたらベーコンを加えて炒める。

❺ 生クリームを❹に加え、ひと煮立ちしたら❸を加えて混ぜ合わせ、塩、こしょうで味をととのえる。

パスタといっしょに具もゆでる。ほうれんそうはゆで上がり約30秒前に加えて。

えびと野菜のチーズフリット

小麦粉とチーズだけのシンプルな衣だから手軽です

材料 4人分
- えび……8尾
- 酒……大さじ2
- かぼちゃ……1/8個(100g)
- カリフラワー……1/2株(100g)
- しいたけ……4枚
- エリンギ……3本
- A ｜ 小麦粉……大さじ4
  ｜ 粉チーズ……大さじ2
- 揚げ油……適量

作り方

[えびの背わたを取る・野菜を切る]

❶ えびは殻をむいて竹串などで背わたを取り、酒をふってしばらくおく。

❷ かぼちゃは8mm厚さに切り、カリフラワーは小房に分ける。しいたけは石づきを切り、エリンギは小さければ縦半分に、大きければ縦4等分に切る。

❸ ❶の水けをキッチンペーパーなどでおさえる。

[衣を作る]

❹ ボウルにAを合わせ、衣を作る。

[揚げる]

❺ フライパンに油を入れて中火にかけ、180℃になったらカリフラワー、しいたけ、エリンギ、かぼちゃ、えびの順に❹をつけて揚げる。

＊温度調節機能がある場合は180℃に設定。

食材ごとにまとめて揚げる。きつね色になったら引き上げる。

段取りのポイント

洋なしを火にかけたらパスタのお湯を沸かしはじめパスタの具の準備をしましょう。パスタをゆでている間にフリットの野菜とえびを順に揚げ、かぶと帆立てをグリルで焼きます。

		0	5	10	15	20(分)
ベーコンとれんこんのクリームフェトチーネ	🔥🔥🔥			パスタと野菜をゆでる・ソースを作る		
えびと野菜のチーズフリット					野菜とえびを揚げる	
洋なしのコンポート	🔥		洋なしを煮る			
かぶと帆立て貝のグリル焼きアンチョビソース	🔥🔥🔥				かぶと帆立てを焼く	

かぶと帆立て貝のグリル焼きアンチョビソース

つけ合わせのかぶは、アルミホイルに包んでグリルで蒸し焼き

材料　4人分
帆立て貝柱(刺身用)……4個
かぶ(あれば茎や葉つき)……2個
オリーブオイル……大さじ1
A┃アンチョビ……2枚
　┃イタリアンパセリ……2枝
　┃オリーブオイル……大さじ3
　┃レモン汁……小さじ1
　┃おろしにんにく……小さじ1
　┃塩、こしょう……各少々

作り方
[帆立てとかぶを切る]
❶ 帆立て貝柱は横から包丁を入れて厚みを2等分にする。ポリ袋に入れてオリーブオイルを加え、からめる。
❷ かぶは皮つきのまま8mm厚さの輪切りに、茎や葉の部分は2cm長さに切り、いっしょにアルミホイルで包む。
[グリルで焼く]
❸ 両面焼きグリルに①と②を並べ、上下強火で約5分焼く。
[ソースを作る]
❹ イタリアンパセリとアンチョビはみじん切りにしてボウルに入れ、Aの残りの材料と合わせる。
❺ 焼き上がったら皿に盛りつけ、④をかける。

焼き上がった状態。かぶはホイルに包んで蒸し焼きにする。

洋なしのコンポート

6〜8等分に切って煮れば、短時間でやわらかに

材料　4人分
洋なし……2個
水……500㎖
砂糖……100g
白ワイン……大さじ2

作り方
[洋なしを切る]
❶ 洋なしは皮をむき、縦6〜8等分に切って芯を取る。
[煮る]
❷ 鍋に分量の水、砂糖、白ワインを入れて強火にかけ、砂糖が溶けたら①を加え、ふたをして弱火で15〜18分煮る。

煮汁の量は洋なしが常に浸る程度に。浸らない場合は水の量で調節を。

鶏肉とたっぷりの野菜を使った
ヘルシーな中華の献立

レシピ 18〜19 ページ

レシピ制作／中嶋一紀

野菜たっぷりあんかけ焼きそば
しっとり鶏胸肉の香味ソース
帆立ての甘辛じょうゆ漬け焼き
　サラダ仕立て
鶏白湯(パイタン)スープ

冬　鶏肉とたっぷりの野菜を使ったヘルシーな中華の献立

焼きつけて表面がカリッとした焼きそばに野菜のあんがじんわりしみておいしい。パサつきやすい鶏胸肉は火を消した後の余熱を利用し、ジューシーに仕上げます。帆立てとつけ合わせの野菜は、グリルで同時に調理。

野菜たっぷりあんかけ焼きそば

焼きそばを焼きつけるときは広げるように入れて

🔥🔥🔥

材料　4人分
中華めん……3玉
にら……1/2わ
青梗菜（チンゲンツァイ）……1株
白菜……4枚
もやし……1袋（250g）
サラダ油……大さじ3
A ｜水……カップ1
　｜塩……小さじ1/2
　｜オイスターソース……大さじ2
水溶き片栗粉
　｜片栗粉……大さじ1
　｜水……大さじ1

作り方
[野菜を切る・中華めんをほぐす]
❶　にらは6cm長さに、青梗菜はにらと同じ太さと長さに切る。白菜は8cm長さの細切りにする。
❷　中華めんはほぐして4等分にする。
[中華めんを焼きつける]
❸　中華鍋にサラダ油大さじ1を入れて強火で熱し、❷を広げるように入れたら弱火にし、約3分焼きつける。裏返してサラダ油大さじ1を足し、さらに約3分焼きつけ、1人分ずつ皿に取り出す。
[あんを作る]
❹　❸の中華鍋にサラダ油大さじ1を入れて強火で熱し、白菜、青梗菜、もやし、にらを順に加えて炒める。野菜がしんなりしたらAを加え、ひと煮立ちしたら火を弱めて水溶き片栗粉を加えてとろみをつける。
❺　❸に❹をかける。
＊食べるときに、酢や練りがらしを添えると、よりおいしい。

焼きそばのところどころに焦げ目がつくまで焼きつける。

しっとり鶏胸肉の香味ソース

火を止めた後の余熱を利用するからパサつきません

🔥🔥

材料　4人分
鶏胸肉……2枚
酒……大さじ2
塩……小さじ1
A ｜長ねぎ……1本
　｜しょうが……1かけ
　｜塩……小さじ1
　｜鶏がらスープの素……小さじ1/2
　｜サラダ油……カップ1/2

作り方
[鶏肉をゆでる]
❶　鍋に鶏胸肉を並べ、酒と塩、肉が浸るくらいの水を入れてふたをし、強火にかける。沸騰したら弱めの中火にし、合計で約10分加熱する。火を止めたらそのまま7〜8分おいて、余熱で火を通す。
[たれを作る]
❷　長ねぎはみじん切り、しょうがはみじん切りまたはすりおろし、Aの残りの材料とともにボウルに合わせる。
❸　小さいフライパンにサラダ油を熱し、❷にジュッと回しかけ香りを立たせる。
❹　❶を適当な大きさに切って皿に盛り、❸をかける。

水の量は鶏肉がやっと浸るくらいの量。水の量が多いと時間がかかる。

段取りのポイント

余熱を使う鶏胸肉、鶏のうまみを煮出したい鶏白湯スープを火にかけます。焼きそばの中華めんを焼きつけている間に帆立てと野菜をグリルに準備し、最後に焼きそばのあんを作ります。

	0	5	10	15	20(分)
野菜たっぷりあんかけ焼きそば			中華めんを焼きつける・あんを作る		
しっとり鶏胸肉の香味ソース		鶏肉をゆでる		余熱利用	
鶏白湯スープ		鶏肉と大根を煮る			
帆立ての甘辛じょうゆ漬け焼き サラダ仕立て			帆立てと野菜を焼く		

鶏白湯（パイタン）スープ
鶏手羽がだし代わりになって本格味の中華スープに

材料　4人分
鶏手羽……8本
大根……2cm
しょうが（薄切り）……4枚
絹さや……8枚
酒……大さじ2
水……カップ3
塩……少々

作り方
[鶏手羽と大根を切る]
① 大根は1cm太さの拍子木切りにする。絹さやは筋を取り、斜め半分に切る。
② 鶏手羽は縦半分に切る。
[煮る]
③ 鍋に②と大根、しょうが、分量の水、酒を入れて強火にかけ、沸騰したらふたをして弱火にし、約15分煮る。
④ ③に絹さやを加え、さっと煮たら火を止め、塩で味をととのえる。

出てきたアクをすくい取ると、澄んだスープになる。

帆立ての甘辛じょうゆ漬け焼き　サラダ仕立て
帆立てとつけ合わせの芋類は厚みを薄くして加熱時間を短縮

材料　4人分
帆立て貝柱（刺身用）……8個
長芋……約4cm
さつまいも……約4cm
サラダ油……大さじ1
つけ汁
　しょうゆ……大さじ3弱
　水……大さじ2
　酒……大さじ1⅓
　砂糖……大さじ3
長ねぎ（青い部分）……10cm
しょうが……1/2かけ
水菜（ベビーリーフでも）……適量
マヨネーズ（好みで）……適量

下ごしらえ
[帆立てをつけ汁につける]
長ねぎとしょうがはせん切りにし、つけ汁に加えてよくもんで野菜のエキスを出す。帆立ては横から包丁を入れて厚みを2等分にし、つけ汁に約2時間つける。

作り方
[野菜を切り、サラダ油をまぶす]
① 長芋とさつまいもは皮つきのまま5mm厚さの輪切りにする。ポリ袋にサラダ油とともに入れ、油を全体にまぶす。
[グリルで焼く]
② つけ汁につけておいた帆立てと①を両面焼きグリルに並べ、上下強火で5～7分焼く。
[仕上げ]
③ 皿に帆立てとさつまいも、長芋を交互に盛りつけ、水菜を3～4cm長さに切って添え、マヨネーズをかける。

火が通りにくいさつまいも、長芋、帆立ての順に奥から並べる。

秋のおいしい海の幸・山の幸を味わう
和食の献立

レシピ 22～23 ページ

レシピ制作／宮本久美子

秋鮭の南蛮漬け
青梗菜(チンゲンツァイ)としめじの蒸し炒め
彩り洋風白和え
焼きなすのみそ汁

秋 秋のおいしい海の幸・山の幸を味わう 和食の献立

香ばしく揚げた鮭の南蛮漬けは魚が苦手な人にも食べやすくご飯がすすみます。厚揚げの皮は炒めものに、中身は白和えの衣に使うというアイデアが斬新。オリーブオイルで作る白和えはサラダ感覚で食べられます。

秋鮭の南蛮漬け

1cmほどの少ない油で揚げるので、時間も油も節約

材料 4人分
- 生鮭……4切れ（1切れ約80g）
- 酒……少々
- しょうゆ……小さじ1
- 片栗粉……適量
- 揚げ油……適量
- 大根……5cm
- しょうが……1かけ
- 貝割れ菜……1パック

南蛮酢
- だし汁……カップ1
- 酢（あれば米酢）……カップ1/2
- 砂糖……大さじ1½
- みりん……大さじ2
- 濃い口しょうゆ……大さじ2
- 塩……小さじ1/2

作り方

[鮭の下ごしらえをする]
① 鮭は半分に切り、酒としょうゆをふってしばらくおく。

[南蛮酢を作る]
② 南蛮酢の材料を鍋に入れてひと煮立ちさせ、冷ます。仕上げ用と、「青梗菜としめじの蒸し炒め」用に約大さじ4を取りおく。

[鮭を揚げ、南蛮酢につける]
③ ①の汁けをキッチンペーパーでおさえてポリ袋に入れ、片栗粉を加えてまぶす。
④ フライパンにサラダ油を1cmほどの高さまで入れて中火にかけ、180℃になったら③を揚げ、熱いうちに南蛮酢につける。
＊温度調節機能がある場合は180℃に設定。

[仕上げる]
⑤ 大根としょうがはすりおろし、貝割れ菜は根元を切り落とす。
⑥ 皿に貝割れ菜と④を盛り、軽く絞った大根おろしとおろししょうがをのせる。取り分けておいた南蛮酢大さじ2を回しかける。
＊鮭は揚げたての熱いうちに南蛮酢につけるとよく味がしみ込む。

鮭は何度か返しながら、からりと揚げる。

青梗菜としめじの蒸し炒め

塩と油を入れてふたをし、野菜の水分で蒸します

材料 4人分
- 青梗菜……2株
- しめじ……1/2パック(50g)
- 厚揚げの皮＊……1個分
- 南蛮酢＊＊……大さじ2
- オリーブオイル……小さじ2
- 塩……少々

＊洋風白和えの厚揚げから取り分けておいた皮
＊＊秋鮭の南蛮漬けの南蛮酢

作り方

[材料を切る]
① 青梗菜の外側の葉は3cm長さに切り、芯は四つ割りにする。しめじは石づきを切り小房に分ける。白和えのところで分けておいた厚揚げの皮は3cm長さの短冊切りにする。

[蒸し炒めする]
② フライパンに①を広げ、オリーブオイルと塩を加えてふたをし、中火で3〜5分、しんなりするまで蒸し炒めする。
③ 青梗菜が鮮やかな緑色に変わったらふたをとり、南蛮酢を全体にかけて混ぜ、火を止める。

青梗菜はできるだけ重ならないように並べ、オリーブオイルと塩は全体にかける。

段取りのポイント

なすをグリルで焼きはじめてから揚げ油を火にかけ、野菜の切りものをします。小バーナーでは、白和えの厚揚げの湯通し、野菜の下ゆでをした後、その鍋を使ってみそ汁を作ります。

	0	5	10	15	20(分)
秋鮭の南蛮漬け 🔥🔥🔥		鮭を揚げる			
青梗菜としめじの蒸し炒め 🔥🔥			野菜類を蒸し炒めする		
彩り洋風白和え、焼きなすのみそ汁 🔥			湯通し・野菜をゆでる		みそ汁を作る
焼きなすのみそ汁 [グリル]	なすを焼く				

彩り洋風白和え
白和えの衣は厚揚げの中身を利用。水きりの必要がありません

材料　4人分
- れんこん……80g
- にんじん……4cm (40g)
- しいたけ……2枚
- さやいんげん……8本
- みょうが……1個
- 和え衣
  - 厚揚げの中身……1枚分(約160g)
  - オリーブオイル……大さじ2
  - 砂糖……大さじ1
  - 塩……小さじ1
  - しょうゆ……少々

作り方
[材料を切る]
❶ れんこんとにんじんは皮つきのまま2mm厚さのいちょう切りにする。しいたけは石づきを切り取って薄切りに、さやいんげんは3cm長さの斜め切りにする。厚揚げの皮を切り、「青梗菜としめじの蒸し炒め」用に分けておく。
❷ みょうがは縦半分に切り、斜め薄切りにする。
[厚揚げの湯通し、野菜の下ゆでをする]
❸ 鍋に湯を沸かし、厚揚げの中身をさっと湯通しして取り出す。
❹ ❸の湯に❶を入れ、歯ごたえが残る程度に約1分ゆで、ざるにあげ冷ます。
[和え衣を作り、和える]
❺ ボウルに❸を入れてフォークか泡立て器でつぶし、和え衣の残りの調味料を加えて混ぜ合わせる。
❻ ❺に❷と❹を加えて和える。

厚揚げの中身は、沸騰したお湯に入れて1分ほどゆでて湯通しする。

焼きなすのみそ汁
なすはグリルで焼き、みそ汁はコンロの小バーナーで段取りよく

材料　4人分
- なす……4本
- みょうが……1個
- だし汁……480ml
- みそ(あれば赤だしみそ)……大さじ1
- おろししょうが……少々

作り方
[なすをグリルで焼く]
❶ なすに包丁で3〜4本切り込みを入れ、両面焼きグリルに並べ上下強火で約15分焼く。
❷ みょうがは縦半分に切り、斜め薄切りにする。
❸ ❶のなすが焼けたらグリルから取り出し、水につけながら皮をむく。
[だし汁を沸かし、みそを溶き入れる]
❹ 鍋にだし汁と焼きなすを入れ(なすが大きい場合は、適当な大きさに切る)、沸騰したらみそを溶き入れて火を止める。
❺ お椀に❹を盛り、みょうがとおろししょうがをのせる。

切り込みを入れておくと、焼き上がったとき皮がむきやすい。

おうちで本場韓国の焼き肉を楽しむ
スタミナ献立

レシピ 26 〜 27 ページ

レシピ制作／姜朋子

豚の韓国風焼き肉／キムチ豆腐／なすのナムル／子大豆もやしのスープ

おうちで本場韓国の焼き肉を楽しむスタミナ献立

豚肉を特製のもみだれにつけ込むことで、ひと味違う本格的な焼き肉になります。グリルで焼けば、余分な脂が落ち炭火で焼いたような香ばしい仕上がりに。副菜もナムルや子大豆もやしのスープなど、韓国風でまとめましょう。

豚の韓国風焼き肉

肉をはさみで切りながら食べる韓国スタイルで楽しさを演出

材料　4人分
- 豚肩ロース肉……4枚(1枚約100g)
- つけだれ
  - しょうゆ……カップ1/2
  - 砂糖……大さじ3
  - はちみつ……大さじ1
  - 玉ねぎ……1/4個(50g)
  - りんご……1/4個(50g)
  - にんにく……2かけ
  - ごま油……大さじ1
  - こしょう……少々
- サンチュなど……適量

下ごしらえ
[豚肉をつけだれにつけ込む]
つけだれの材料を全部ブレンダーまたはミキサーにかける。ブレンダーやミキサーがない場合は、玉ねぎとりんご、にんにくはすりおろす。「なすのナムル」用に大さじ3を取り分ける。
豚肉は表と裏に十文字の切り目を数ヵ所入れ、切り込みに穴があくくらい手で広げ、つけだれに一晩つけ込む。

作り方
[豚肉をグリルで焼く]
❶ つけておいた豚肉を重ならないように両面焼きグリルに並べ、上下弱火で約10分焼く。
❷ 皿にサンチュを敷いて肉を盛る。食卓ではさみで切り分けながら食べる。

脂身は外側に向けて並べる。脂が落ちてこんがりヘルシーに焼き上がる。

キムチ豆腐

豚肉入りキムチ炒めを豆腐のトッピングに

材料　4人分
- キムチ……100g
- 豚こま切れ肉……100g
- 木綿豆腐……1丁
- ごま油……少々

下ごしらえ
[豚肉をつけだれにつけ込む]
豚肉は、韓国風焼き肉の豚肉とともにつけだれに一晩つけ込む。

作り方
[材料を切る]
❶ 豆腐は半分に切って1cm厚さに切る。キムチは小さく切る。
❷ つけておいた豚肉は細かく切る。
[豆腐を焼く、肉とキムチを炒める]
❸ フライパンに豆腐を並べて温まる程度に両面を焼き、皿に取り出す。
❹ ❸のフライパンに❷を入れて炒め、肉の色が変わったらキムチを加え、炒め合わせる。
❺ ❸の上に❹をのせ、ごま油をかける。

キムチはさっと炒めて食感を残す。

段取りのポイント

なすのナムルは味をなじませたいので、はじめになすの蒸し煮をし、スープ、キムチ豆腐の順に取りかかりましょう。焼き肉は最後に作って、ジュージュー熱々を食卓に。

	0	5	10	15	20(分)
キムチ豆腐	🔥🔥🔥		豆腐を焼く・キムチと豚肉を炒める		
なすのナムル	🔥🔥	なすを蒸し煮にする			
子大豆もやしのスープ	🔥	子大豆もやしを煮る			
豚の韓国風焼き肉			豚肉を焼く		

なすのナムル
なすは少量の水で蒸し煮にして風味をキープ

🔥🔥

材料　4人分
- なす……3本
- 水……大さじ2
- つけだれ*……大さじ3
- 酢……大さじ1
- すり白ごま……適量

＊韓国風焼き肉用に作ったつけだれ

作り方
[なすを切る]
① なすはへたを切り取って縦8等分に切る。

[なすを蒸し煮にする]
② フライパンに①を並べ、分量の水を全体に回しかけ、ふたをして強火で約5分蒸し煮にする。指で押して、なすがつぶれるくらいが目安。

[つけだれと和える]
③ ボウルにつけだれと酢を合わせ、②を入れて和える。器に盛り、すりごまをかける。

強火で一気に蒸し煮にするのがポイント。

子大豆もやしのスープ
煮干しと昆布をいっしょに煮込むからうまみが濃厚

🔥

材料　4人分
- 子大豆もやし……100g
- 昆布……10cm角1枚
- 煮干し……10尾
- 水……カップ4
- にんにく……1かけ
- 万能ねぎ……5cm
- 塩……少々

作り方
[子大豆もやしを煮る]
① 煮干しは頭とわたを取り除き、昆布、子大豆もやし、分量の水とともに鍋に入れてふたをし、中火で約15分煮る。
② もやしの豆に火が通ったら火を止め、塩で調味する。
③ にんにくはすりおろして②に加える。器に盛って、小口切りにした万能ねぎを散らす。

おろしにんにくは最後に加え、フレッシュな香りを生かす。

さわやかパスタとハーブが香る
豚肉がメインの夏の週末ごはん

レシピ 30〜31 ページ

レシピ制作／大髙智子

カッテージチーズパスタ／豚ヒレ肉のしそマスタード焼き／
夏野菜のトマトスープ／焼きバナナマシュマロ

夏 さわやかパスタとハーブが香る 豚肉がメインの夏の週末ごはん

オイルベースのカッテージチーズソースがしっかりからんだフジッリはリッチな味わい。豚ヒレ肉は最後にバターを加えて余熱で溶かし、しっとりと仕上げます。トマトスープは夏野菜のうまみたっぷり。

カッテージチーズパスタ
熱々でも冷めてもおいしい夏向きのパスタ料理

材料　4人分
- パスタ（フジッリなど）……200g
- A
  - カッテージチーズ……大さじ6
  - オリーブオイル……大さじ3
  - にんにく……1/2かけ
- バジル……適量
- レモン（くし形切り）……適量

作り方

[パスタをゆでる]
① 中華鍋に水約2ℓを入れて強火にかけ、沸騰したら塩大さじ1（分量外）を加え、パスタを袋の表示時間よりもやや長めにゆでる。

[ソースを作る]
② にんにくはすりおろし、ボウルにAの残りの材料と混ぜ合わせる。

[パスタとソースを和える]
③ ①を②に加えてよくからめる。
④ ③を器に盛り、バジルの葉をちぎって散らしレモンを添える。

ソースと煮込まないので、表示時間よりもやや長めにゆでる。

豚ヒレ肉のしそマスタード焼き
火力を中火から弱火に調節してジューシーに焼き上げて

材料　4人分
- 豚ヒレ肉……16枚（1枚約30g）
- 小麦粉……大さじ1
- 油……適量
- A
  - 青じそ……4枚
  - にんにく……1/2かけ
  - バター……大さじ2
  - 粒マスタード……小さじ2
- ベビーリーフなど……適量

作り方

[青じそ入りバターを作る]
① 青じそはみじん切りに、にんにくはすりおろし、ボウルにAの残りの材料と混ぜ合わせる。

[豚肉を焼く・バターをのせる]
② ポリ袋に豚ヒレ肉と小麦粉を入れてまぶす。
③ フライパンに油を熱し、②を並べて中火で焼く。焼き色がついてきたら裏返して弱火にし、両面に焼き色がつき中に火が通ったら火を止める。それぞれの肉の上に①をのせてふたをする。
④ ③のバターが溶けたら皿に盛り、ベビーリーフを添える。

バターを肉の上にのせたら、ふたをして余熱で溶かす。

段取りのポイント

パスタのお湯を火にかけてから、スープと豚肉の準備に取りかかります。共通して使うにんにくは、まとめておろしておきましょう。デザートはグリルにセットし、最後に焼きます。

	0	5	10	15	20(分)
カッテージチーズパスタ	🔥🔥🔥 パスタをゆでる				
豚ヒレ肉のしそマスタード焼き	🔥		豚肉を焼く		
夏野菜のトマトスープ	🔥		具を炒めてスープで煮る		
焼きバナナマシュマロ	(グリル)				バナナを焼く

夏野菜のトマトスープ
トマトジュースを利用してさっぱりと仕上げます

材料　4人分
- ベーコン……2枚
- かぼちゃ……150g
- なす……1本
- 玉ねぎ……1/2個(100g)
- にんにく……1/2かけ
- トマトジュース(食塩無添加)
　……1缶(190g)
- 水……カップ2
- 固形スープの素……2個
- オリーブオイル……大さじ1/2

作り方
[ベーコンと野菜を切る]
① ベーコンは2mm幅に切る。かぼちゃは5mm厚さのいちょう切り、なすは5mm厚さの輪切り、玉ねぎは薄切りにする。にんにくは包丁でつぶす。

[煮る]
② 鍋にオリーブオイルとにんにくを入れて弱火にかけ、香りが立ってきたらベーコンと野菜、トマトジュース、分量の水、固形スープの素を加えてふたをして強火にし、煮立ったら中火にして約10分煮る。

にんにくを炒めてからすべての材料を鍋に入れ、火にかける。

焼きバナナマシュマロ
コロコロ並んだバナナとマシュマロがかわいい

材料　4人分
- バナナ……2本
- マシュマロ……8～10個
- 板チョコレート(ビタータイプ)
　……8かけ

作り方
[バナナを切る・ホイルに並べる]
① バナナは皮をむいて2～3cm厚さに切る。
② アルミホイルを細長い舟形にして①とマシュマロを交互に並べ、チョコレートを半分に割って間に入れる。

[グリルで焼く]
③ 両面焼きグリルに②を並べ、上下弱火で1～2分焼き、マシュマロに焼き色がついたら取り出す。

＊アルミホイルは、できればシリコン樹脂加工されたものがおすすめ(並べ方によっては、マシュマロがホイルにくっついてしまうため)。

マシュマロは焦げやすいので様子を見ながら焼く。

牛肉ステーキと秋の味覚満載の組み合わせ

レシピ 34 ～ 35 ページ

レシピ制作／海福聡子

きのこのペンネ
牛肉ステーキバルサミコ風味
レンズ豆とさつまいものサラダ
焼きいちじくのヨーグルト添え

秋 牛肉ステーキと秋の味覚満載の組み合わせ

パスタは一つの鍋で具といっしょに煮て最後まで仕上げる早わざテクで作ります。
牛肉は一口大に切って、ソースの具と重ねて盛りつければ
見た目のボリューム感もアップ。果物はグリルで焼くとまた違ったおいしさに。

きのこのペンネ
ゆで汁がソースになる一つ鍋パスタは水の量がカギ

材料　4人分
- ペンネ……150g
- しいたけ……6枚
- しめじ……150g
- まいたけ……150g
- にんにく……2かけ
- 固形スープの素……2個
- 水……カップ3½
- バター……20g
- オリーブオイル……大さじ2
- ルッコラ……20g

作り方

[きのこを切る]

① しいたけは石づきを切って縦4等分に切り、しめじは石づきを切り小房に分ける。まいたけは小房に分ける。にんにくは包丁でつぶす。

[きのこを炒める]

② 鍋にバターとオリーブオイルを入れて中火にかけて温め、にんにくときのこ類を加えて炒める。

[パスタと水を加えて煮る]

③ ②に分量の水、固形スープの素、ペンネを加えてふたをし、煮立ったらふたをとり、水分が減って材料がスープの表面に見えてくるまで煮る。

④ ③を器に盛りつけ、ルッコラを飾る。

ペンネを加えたら、全体をかき混ぜてペンネがくっつくのを防ぐ。

牛肉ステーキバルサミコ風味
牛肉は食べやすい大きさに切ると、失敗が少ない

材料　4人分
- 牛肉*（ステーキ用）……2枚（1枚150～200g）
- 玉ねぎ……1/2個
- りんご……1/2個
- バルサミコ酢……大さじ1
- 砂糖……大さじ1
- オリーブオイル……大さじ3
- 塩、こしょう……各適量
- パセリ（みじん切り）……適量

*牛肉はもも肉かサーロインがおすすめ

作り方

[材料を切る・肉に下味をつける]

① 玉ねぎは薄切りにする。りんごは薄いいちょう切りにする。

② 牛肉は食べやすい大きさに切り、塩、こしょうをする。

[肉を焼き、ソースを作り合わせる]

③ フライパンにオリーブオイル大さじ1を入れて中火で②を焼いて取り出す。

④ ③のフライパンにオリーブオイル大さじ2を入れて玉ねぎとりんごを中火で炒め、しんなりしてきたらバルサミコ酢、砂糖、塩、こしょうで調味する。

⑤ ④の汁けがなくなって全体に味がなじみ、色がついたら③をもどし入れ、全体を混ぜ合わせる。

⑥ ⑤を皿に盛り、パセリを散らす。

玉ねぎとりんごはしんなりするまで炒めて甘みを引き出す。

段取りのポイント

最初にレンズ豆とさつまいもを火にかけ、余熱を利用してゆで上げます。きのこのペンネを煮はじめたら、牛肉のステーキに取りかかります。合間をみて、いちじくを焼きましょう。

		0	5	10	15	20(分)
きのこのペンネ	🔥🔥🔥			きのこを炒める・パスタを煮る		
牛肉ステーキバルサミコ風味	🔥🔥			牛肉を焼く・ソースの材料を炒める		
レンズ豆とさつまいものサラダ	🔥	材料をゆでる	余熱利用			
焼きいちじくのヨーグルト添え	🔥🔥🔥🔥			いちじくを焼く		

レンズ豆とさつまいものサラダ
さつまいもは小さく切って余熱を利用してゆでます

材料　4人分
レンズ豆(皮なし)……100g
さつまいも……80g
玉ねぎ……1/4個(50g)
あさつき……2本
A｜酢……大さじ2
　｜砂糖……大さじ2
　｜オリーブオイル……大さじ6
　｜塩、こしょう……各適量

作り方
[野菜を切る]
❶　レンズ豆は軽く洗う。さつまいもは皮つきのまま1cm角に切る。
❷　玉ねぎはみじん切り、あさつきは小口切りにする。

[レンズ豆とさつまいもをゆでる]
❸　鍋に①とかぶるくらいの水を入れてふたをして強火にかけ、沸騰したら中火にして3分間沸騰を継続して火を止め、ふたをしたまま余熱で火を入れる。
❹　レンズ豆とさつまいもがやわらかくなったらすぐにざるにあげて、水けをきる。

[ドレッシングと和える]
❺　ボウルにAのオリーブオイル以外の材料を合わせ、オリーブオイルを少しずつ加えながら混ぜ、玉ねぎを加えてさらに混ぜ合わせる。
❻　⑤に④を加えて和えて器に盛り、あさつきを散らす。

火が入りすぎるとレンズ豆が煮くずれるので注意する。

焼きいちじくのヨーグルト添え
いちじくは焼くと甘みが増し、水きりヨーグルトにぴったり

材料　4人分
いちじく……4個
砂糖……適量
ヨーグルト(水きりしたもの)
　……1/2～1パック分

下ごしらえ
[水きりヨーグルトを作る]
ボウルにざるをのせる。ざるにキッチンペーパーを敷いてヨーグルトを入れ、ラップをかけて冷蔵庫に一晩おく。

作り方
[いちじくをグリルで焼く]
❶　いちじくは先端の軸を切り、半分に切って砂糖をふる。
❷　両面焼きグリルにアルミホイルを敷いて①を並べ、上下強火で約5分焼く。
❸　②のいちじくを器に盛り、水きりヨーグルトを添える。

いちじくは大きいとグリルに入らないので、半分にカットする。

大好きな定番メニューを組み合わせた本格中華

レシピ38〜39ページ

えびのチリソース
豆腐の肉詰めグリル焼き
れんこんとかぶのXO醬炒め
コーンスープ

レシピ制作／堀祐子

大きいカット肉を使った
黒酢の酢豚が豪華な食卓

レシピ 40〜41 ページ

ごちそう酢豚
はまぐりと春野菜の酒蒸し
ささ身とレタスのスープ
バナナのごまクリーム巻き

秋　大好きな定番メニューを組み合わせた本格中華

甘酸っぱくてちょっぴり辛いえびのチリソースと
クリーミーなコーンスープは好相性。
肉も食べたい家族のために、グリルで焼く簡単な豆腐の肉詰めを加えました。

えびのチリソース
えびは油通しするかわりにフライパンで焼きます

🔥🔥🔥

材料　4人分

むきえび……12尾	A　トマトケチャップ……大さじ3強
塩……少々	砂糖……大さじ1
酒……大さじ1	鶏がらスープの素……小さじ1/2
片栗粉……大さじ1	水……150ml
長ねぎ……10cm	水溶き片栗粉
しょうがのみじん切り……小さじ1	片栗粉……大さじ1
にんにくのみじん切り……小さじ1/2	水……大さじ1
豆板醤……小さじ1弱	レタス……1/3個
サラダ油……大さじ2	酢……適宜

作り方

[えびの下ごしらえをする]
① むきえびは洗ってキッチンペーパーで水けをおさえ、背に切り目を入れ、背わたがあれば取る。ポリ袋に塩、酒とともに入れて下味をつけ、片栗粉を加えてまぶす。
② 長ねぎは粗みじん切りにする。

[えびを下焼きする]
③ フライパンにサラダ油大さじ1を入れて①を中火で焼き、えびの色が変わり弾力が出てきたら取り出す。
＊温度調節機能がある場合は140℃に設定。

[あんを作りえびと炒め合わせる]
④ ③のフライパンに残りのサラダ油を足してしょうがとにんにくを炒め、香りが立ってきたら豆板醤を加えて炒め、Aを混ぜ合わせて加える。
⑤ ④が煮立ったら③と長ねぎを加えて水溶き片栗粉でとろみをつけ、好みで酢をかける。
⑥ レタスはせん切りにして皿に敷き、⑤を盛りつける。

えびは色が変わったら引っくり返して両面を焼く。

れんこんとかぶのXO醤炒め
XO醤は炒めて香りを引き出すのがおいしく作るコツ

🔥🔥

材料　4人分

れんこん……6cm（200g）
かぶ（あれば葉や茎つき）……2個
ごま油……大さじ1
A　XO醤……小さじ2
　　しょうゆ……小さじ1
　　酢……少々
　　酒……大さじ1

作り方

[れんこんとかぶを切る]
① れんこんとかぶは皮つきのまま薄い半月切りにする。
② かぶの茎や葉の部分は2～3cm長さに切る。

[炒める]
③ フライパンにごま油を入れ、①を中火で炒める。しんなりしたら混ぜ合わせたAを加え、全体を混ぜ合わせたら②を加えてさっと炒め、火を止める。

調味料は小さなボウルなどに合わせて一気に加える。

段取りのポイント

れんこんの炒めもの、スープ、豆腐の肉詰めの順に取りかかり、豆腐の肉詰めは、焼き終わったらグリルにそのまま入れておいて余熱で保温を。えびチリは最後に一気に作ります。

		0	5	10	15	20(分)
えびのチリソース	🔥🔥🔥			えびを焼き、あんと炒める		
れんこんとかぶのXO醬炒め	🔥🔥		れんこんとかぶを炒める			
コーンスープ	🔥		コーンとスープを煮る・溶き卵を入れる			
豆腐の肉詰めグリル焼き	🔥🔥🔥🔥		豆腐の肉詰めを焼く			

コーンスープ
クリームとホール（粒）タイプの両方のコーンを使って食感も楽しく

🔥

材料　4人分
コーン缶（クリームタイプ）
　……小2缶（1缶190g）
コーン缶（ホールタイプ）
　……小1/2缶（1缶130g）
卵……1個
長ねぎ（青い部分）……10cm
鶏がらスープの素……小さじ2
水……カップ2
酒……大さじ1
塩……小さじ1/2
こしょう、ごま油……各少々
水溶き片栗粉
　｜片栗粉……大さじ1
　｜水……大さじ2

作り方
[スープを沸かしコーンを煮る]
❶　鍋に分量の水、鶏がらスープの素、長ねぎの青い部分を入れて中火にかけ、煮立ったらねぎを取り出す。
❷　①に両方のコーンを加え、酒と塩、こしょうで調味する。
[溶き卵を流し入れる]
❸　水溶き片栗粉を加え、沸騰したら卵を溶いて外側から流し入れ、卵が浮いてきたら火を止める。器に盛って、ごま油をたらす。

卵を流し入れるとき、菜箸を使うときれいにできる。

豆腐の肉詰めグリル焼き
グリルで焼くので、詰めた肉が外れる失敗がありません

🔥🔥🔥🔥

材料　4人分
豚ひき肉……50g
木綿豆腐……2丁
長ねぎのみじん切り……大さじ1
しょうが汁……小さじ1/2
ごま油……小さじ1
塩、こしょう……各少々
片栗粉……少々
たれ
　｜しょうゆ……大さじ2
　｜酢……大さじ1/2
　｜ごま油……大さじ1/2
　｜砂糖……大さじ1/4
香菜（シャンツァイ）……適宜

作り方
[豆腐に肉を詰める]
❶　豆腐はキッチンペーパーなどで軽く水けをおさえて4等分に切り、それぞれ真ん中をスプーンで丸くくりぬく。
❷　ボウルにくりぬいた豆腐、豚ひき肉、長ねぎ、しょうが汁、ごま油、塩、こしょうを入れてよく混ぜ合わせ、8等分にする。
❸　①の豆腐の丸いくぼみの部分に片栗粉をふり、②をのせる。
[グリルで焼く]
❹　両面焼きグリルにアルミホイルを敷いて油（分量外）を薄く塗って③を並べ、上下弱火で約10分焼く。
❺　④を皿に盛り、混ぜ合わせたたれをかけ、あれば香菜を添える。

肉に火が通り、豆腐がこんがり色づくまで焼く。

春　大きいカット肉を使った黒酢の酢豚が豪華な食卓

酢豚は豚肉の油通しがめんどうと敬遠されがちですが、これは蒸し焼きにするので簡単。しかも油通しよりもやわらかに仕上がります。大きめのお肉でお試しを。
副菜とスープは塩味ベースでさっぱりと。

ごちそう酢豚
豚肉は揚げずに蒸し焼きにするから、簡単でヘルシー

材料　4人分
- 豚肉(カレー用)……400g
- 酒……大さじ1
- しょうゆ……大さじ1
- パプリカ(赤・黄・緑)……各1/2個
- 片栗粉……大さじ3
- サラダ油……大さじ2
- A
  - 砂糖(あれば黒砂糖)……大さじ2
  - 酢(あれば黒酢)……大さじ2
  - 酒……大さじ2
  - しょうゆ……大さじ1
  - 水……カップ1/4
- ごま油……小さじ1

下ごしらえ
[豚肉に下味をつける]
豚肉は酒、しょうゆとともにポリ袋に入れてよくもみ込み、20～30分おく。

作り方
[豚肉を蒸し焼きにする]
① 下味をつけた豚肉に片栗粉をまぶす。
② フライパンにサラダ油を中火で熱し、①を入れ焼き色がついたら裏返し、ふたをして約3分蒸し焼きにする。
[野菜を切る]
③ 蒸し焼きをしている間にパプリカをそれぞれ8等分に切る。
[豚肉と野菜を炒め煮にする]
④ ②の肉に火が通ったら③を加えて炒め、いったん取り出す。
⑤ ④のフライパンにAを入れて中火にかけ、煮立ったら④をもどし、汁けがなくなるまで煮詰める。
⑥ 仕上げにごま油を回しかける。

豚肉の両面に焼き色がついたらふたをして蒸し焼きにする。

ささ身とレタスのスープ
レタスときゅうりが入ってさっぱりとした味

材料　4人分
- ささ身……2～3本
- レタス……1枚
- きゅうり……1/3本
- 酒……大さじ1
- 塩……小さじ1/4
- 片栗粉……大さじ1
- 鶏がらスープの素……小さじ2
- 水……カップ3
- こしょう……少々

作り方
[野菜とささ身を切る]
① レタスは手でちぎるかざく切りにする。きゅうりは薄い輪切りにする。
② ささ身は1cm幅の斜め切りにする。
③ ポリ袋にささ身と酒、塩を入れて下味をつけ、片栗粉を加えてまぶす。
[スープを沸かし、ささ身と野菜を煮る]
④ 鍋に分量の水と鶏がらスープの素を入れて強火にかけ、沸騰したら弱火にして③を加える。
⑤ ささ身に火が通ったら①を加えて火を止め、こしょうで味をととのえる。

レタスときゅうりを入れたらすぐに火を止め、シャキシャキ感を残す。

段取りのポイント

酢豚の豚肉を蒸し焼きにしている間に、酢豚と酒蒸しの野菜、スープの材料を切ります。野菜を炒め、はまぐりを蒸しはじめたらスープに取りかかり、バナナのデザートを焼きます。

	0	5	10	15	20(分)
ごちそう酢豚	🔥🔥🔥	豚肉を蒸し焼きにし、野菜と炒め煮にする			
はまぐりと春野菜の酒蒸し	🔥🔥		野菜を炒め、はまぐりと蒸す		
ささ身とレタスのスープ	🔥		スープを沸かし、具材を煮る		
バナナのごまクリーム巻き				焼く	余熱利用

はまぐりと春野菜の酒蒸し 🔥🔥

はまぐりの口が開いたら火を止めます。見逃さないで

材料　4人分
- はまぐり……12個
- そら豆……12個
- スナップえんどう……8本
- 菜の花……200g
- にんにく……1かけ
- 酒……カップ1/2
- 塩……少々
- サラダ油……大さじ1
- ごま油……小さじ1

下ごしらえ
[はまぐりを砂出しする]
はまぐりは約3%の塩水(水カップ1に塩約小さじ1)につけて砂出しし、よく洗う。

作り方
[野菜の準備をする]
① スナップえんどうは筋を取り、菜の花は半分の長さに切る。にんにくは包丁でつぶす。

[野菜を炒める]
② フライパンにサラダ油とにんにくを入れて中火にかけ、香りが立ってきたらそら豆、スナップえんどう、菜の花を加えて軽く炒める。

[はまぐりを加え酒蒸しにする]
③ はまぐりと酒を②に加えてふたをし、蒸し煮にする。はまぐりの口が開いたら皿に取り出し、仕上げにごま油を回しかける。

はまぐりの口が開いたらすぐに火を止める。火が入りすぎるとかたくなる。

バナナのごまクリーム巻き

春巻きの皮で作る中華デザート。ごま油のひと塗りで香ばしく

材料　4人分
- バナナ……2本
- 春巻きの皮……4枚
- A｜黒ごまペースト……大さじ1
- 　｜砂糖……大さじ1
- ごま油……少々

作り方
[バナナとごまクリームの準備をする]
① バナナは皮をむいて半分に切る。ボウルにAを合わせて混ぜる。

[春巻きの皮で包む]
② 春巻きの皮にバナナ1/2本をのせてAを塗り、包む。残りも同様に包む。

[グリルで焼く]
③ 両面焼きグリルにアルミホイルを敷いて②を並べ、ごま油を全体に塗って上下強火で約2分焼き、そのまま3分おいて余熱で火を入れる。斜め半分に切って皿に盛る。

焼く前にごま油をはけなどで塗っておくと、カリッと焼き上がる。

イタリアンの伝統料理とヌードル野菜のブランチスタイル

ソーセージとレンズ豆の煮もの
ココット入りエッグベネディクト
ヌードル風温野菜サラダ
あったか豆乳のヴィシソワーズ

レシピ44〜45ページ
レシピ制作／川島薫

みそ、しょうゆを使った
和テイストのイタリアン

レシピ 46〜47 ページ
レシピ制作／平沼亜由美

かぼちゃの和風リゾット
ポークソテー・マスタードソース
かぶとベーコンのスープ
ベイクドアップル

夏 イタリアンの伝統料理とヌードル野菜のブランチスタイル

レンズ豆は水につけなくても約20分でじゃがいものようにふっくらやわらかに。
ヌードル野菜、エッグベネディクト、ヴィシソワーズを組み合わせてカフェ気分で。
ヴィシソワーズは豆乳ベースでヘルシー。

ソーセージとレンズ豆の煮もの
レンズ豆は水につける必要なし、すぐに使えて便利です

材料　4人分
- レンズ豆（皮つき）……100g
- ウインナソーセージ……8本
- ベーコン……2枚
- にんじん……1/2本
- 玉ねぎ……1/2個
- 固形スープの素……1個
- 水……カップ1/2〜
- ローリエ……1枚
- オリーブオイル……大さじ1½
- 塩、粗びきこしょう……各少々

作り方
[野菜とベーコンを切る]
① レンズ豆は2〜3回水をかえて洗い、ざるにあげる。
② にんじんと玉ねぎは粗みじんに切る。ベーコンは1cm幅に切る。
③ ソーセージは包丁で数ヵ所に切り込みを入れる（またはつまようじで数ヵ所に穴をあける）。
[野菜とベーコンを炒める]
④ 鍋にオリーブオイルと②を入れて中火で炒める。
[レンズ豆とソーセージを加えて煮る]
⑤ ④にレンズ豆と分量の水を加えてふたをして煮る。沸騰したら固形スープの素、ソーセージ、ローリエを加えて中火で約15分煮る。途中、レンズ豆が煮汁から出ないよう、お湯を適宜加える。
⑥ 塩、粗びきこしょうで味をととのえ、食べるまでふたをして蒸らす。

野菜全体に油が回ったら、レンズ豆と水を加えて煮る。

 ココット入りエッグベネディクト
グリルとココットで憧れのエッグベネディクトをご家庭で

材料　4人分　ココット4個分
- バゲット……約4cm
- ベーコン……2枚
- 卵……4個
- ピザ用チーズ……40g
- マヨネーズ……大さじ4
- イタリアンパセリ……適宜

作り方
[ココットに材料を入れる]
① バゲットは約1cm厚さの輪切りにして両面焼きグリルに並べ、上下弱火で1〜2分軽く焼き色がつくまで焼く。
② ベーコンは1枚を4等分に切る。
③ 1つのココットにバゲット1枚、ベーコン2枚、チーズ10g、卵1個、マヨネーズ大さじ1を順に入れる。ほかの3個も同様に準備する。
[グリルで焼く]
④ 両面焼きグリルに③を並べ、上下強火で6〜7分焼く。あればイタリアンパセリを飾る。

最後にマヨネーズを全体にのせて焼く。

段取りのポイント

共通して使う玉ねぎとにんじんは、各料理に合わせてまとめて切ります。ヴィシソワーズの材料を炒めて煮る段階になったら、煮もの、温野菜、エッグベネディクトに取りかかります。

		0	5	10	15	20(分)
ソーセージとレンズ豆の煮もの	🔥🔥🔥		ソーセージとレンズ豆を煮る			
ヌードル風温野菜サラダ	🔥🔥			野菜を炒めて蒸し煮にする		
あったか豆乳のヴィシソワーズ	🔥		玉ねぎとじゃがいもを炒めて煮る		仕上げ	
ココット入りエッグベネディクト	🔥🔥🔥🔥			卵をココットに入れて焼く		

ヌードル風温野菜サラダ 🔥🔥

ヌードル野菜はおしゃれなうえに火の通りも早い！

材料　4人分
にんじん……1/2本
ズッキーニ……1本
グリーンアスパラ……2本
パプリカ(赤・黄)……各1/2個
固形スープの素……1個
水……カップ1/2
白ワイン……大さじ2
オリーブオイル……大さじ2
塩、こしょう……各適量

作り方
[野菜を切る]
❶ にんじん、ズッキーニは縦半分に切り、ピーラーで細長い薄切りにする。
❷ グリーンアスパラは縦半分に、パプリカはせん切りにする。
[野菜をオリーブオイルと混ぜ合わせる]
❸ ①と②をボウルに入れて塩、こしょう各少々をして混ぜ、オリーブオイルを加えてさらに混ぜ合わせる。
[野菜を蒸し煮にする]
❹ フライパンに③を入れて中火で炒め、分量の水と白ワイン、固形スープの素を加え、ざっくりと混ぜたらふたをし、強火にして約5分蒸し煮にする。
❺ 野菜に火が通ったら塩、こしょうで味をととのえる。

水を全体に回し入れたらふたをし、強火で一気に蒸し煮にする。

あったか豆乳のヴィシソワーズ 🔥

玉ねぎは繊維を断ち切るように薄く切ります

材料　4人分
じゃがいも……1個(150g)
玉ねぎ……1/2個(100g)
水……カップ1
豆乳……カップ2½
バター……20g
オリーブオイル……大さじ1
塩、白こしょう……各少々
あさつき(小口切り)……適宜

作り方
[じゃがいもと玉ねぎを切る]
❶ じゃがいもは皮をむき、ピーラーまたはスライサーで薄切りにする。玉ねぎは繊維を断ち切るように薄切りにする。
[じゃがいもと玉ねぎを炒めて煮る]
❷ 鍋にバターとオリーブオイルと①を入れて弱めの中火で炒め、しんなりしたら分量の水を加えて約10分煮る。
[ミキサーにかけて仕上げる]
❸ ②の粗熱をとり、ブレンダーまたはミキサーにかけてなめらかにする。
❹ ③を鍋にもどし、豆乳を加えて煮る。沸騰直前で火を止め、塩、こしょうで味をととのえる。器に盛り、あればあさつきを散らす。

じゃがいもは水にさらさずに使うことででんぷんが残り、とろっと仕上がる。

秋 みそ、しょうゆを使った和テイストのイタリアン

時間がないときでもご飯を使ったリゾットで、手軽にイタリアンな食卓を。
ポークソテーは、はじめにつけ合わせを焼き、同じフライパンで続けて豚肉を焼きます。
ベイクドアップルは、熱々でも冷めてもおいしい。

 ## かぼちゃの和風リゾット
ご飯で作るリゾット。熱々のできたてがおいしい！ 🔥🔥🔥

材料　4人分
ご飯……茶碗に軽く4杯分(1杯120g)
かぼちゃ……100g
エリンギ……2本
豆乳(無調整)……カップ1
みそ……大さじ1⅓
油……小さじ2
黒こしょう……適量

作り方
[ご飯と具の準備をする]
❶ ご飯は洗ってざるにあげ、水けをきる。
❷ かぼちゃとエリンギは5mm角に切る。

[具を炒め、ソースとご飯をからめる]
❸ フライパンに油と❷を入れて中火で炒め、かぼちゃに火が通ったら、みそを溶いた豆乳を温めて❶を加え、黒こしょうをふってひと混ぜし、火を止める。

豆乳が温まったらご飯を加えてひと混ぜし、火を止める。

 ## ポークソテー・マスタードソース
つけ合わせの後に豚肉を焼き、フライパンを使い回します 🔥🔥

材料　4人分
豚ロース肉……4枚(1枚120〜130g)
れんこん……2cm
さつまいも……4cm
エリンギ……1本
さやいんげん……6本
A｜粒マスタード……大さじ1
　｜はちみつ……大さじ1
　｜しょうゆ……大さじ1/2
塩、こしょう……各適量
油……小さじ2

作り方
[野菜を切る・豚肉の下ごしらえをする]
❶ れんこん、さつまいもは5mm厚さの輪切りにする。エリンギは縦に5mm厚さに切る。さやいんげんは半分の長さに切る。
❷ 豚肉は包丁で筋を切って塩、こしょう各少々をする。

[野菜、肉の順に焼く]
❸ フライパンに油を入れて❶を並べ、ふたをして中火で焼く。火が通ったら塩、こしょう各少々をまぶして取り出す。
❹ ❸のフライパンに❷を並べて中火で焼く。焼き色がついたら裏返し、ふたをして両面を焼いて取り出す。

[ソースを温める]
❺ ❹のフライパンにAを入れてひと混ぜし、余熱で温める。
❻ 皿に❹と❸を盛り、❺のソースをかける。

やや厚みがあるロース肉でもふたをすることで早く焼ける。

段取りのポイント

最初に野菜などの切りものをまとめてすませてから、スープ、ポークソテー、ベイクドアップル、リゾットの順に取りかかります。リゾットはご飯を加えたらすぐに火を止め食卓へ。

	0	5	10	15	20(分)
かぼちゃの和風リゾット	🔥🔥🔥				具を炒め、ご飯を混ぜる
ポークソテー・マスタードソース	🔥🔥	つけ合わせを焼いてから豚肉を焼く			
かぶとベーコンのスープ	🔥	スープでかぶとベーコンを煮る			
ベイクドアップル	🔥🔥🔥			りんごを焼く	

かぶとベーコンのスープ

ベーコンを入れてシンプルでもコクのあるスープに

材料　4人分
かぶ(葉や茎のついたもの) ……小4個
ベーコン……2枚
水……カップ3
固形スープの素……1個
塩、こしょう……各少々

作り方
[かぶとベーコンを切る]
❶ かぶは皮つきのまま4等分のくし形に切り、葉と茎の部分は4cm長さに切る。ベーコンは1cm幅に切る。
[スープで煮る]
❷ 鍋にかぶ、ベーコン、固形スープの素、分量の水を入れ、ふたをして強火にかける。沸騰したら弱火にし、約15分煮る。
❸ かぶの葉と茎を❷に加えてひと煮立ちしたら、塩、こしょうで味をととのえる。

かぶの葉と茎、塩、こしょう以外のすべての材料を鍋に入れてから火にかける。

ベイクドアップル

砂糖をふって焼くことでカラメル状に

材料　4人分
りんご……1個
砂糖……適量
はちみつ……適量
シナモンパウダー……適量
ミントの葉……適宜

作り方
[りんごを切る]
❶ りんごは皮つきのまま、8等分のくし形に切り、芯を取る。
[グリルで焼く]
❷ 両面焼きグリルにアルミホイルを敷き、❶を並べて砂糖をふりかける。そのまま5分以上おいて砂糖をなじませ、上下強火で約7分焼く。
❸ 皿に❷を盛りつけてはちみつをかけ、シナモンパウダーをふり、あればミントの葉を飾る。

砂糖をふりかけたら5分ほどおき、りんごになじませてから焼く。

冬の味覚を上品なだしとともに味わう
和食の一汁三菜

レシピ 50〜51 ページ
レシピ制作／渡辺麗

ぶりの香り竜田揚げ

えびと豆腐のうま煮

季節のグリル野菜の和風マリネ

かき玉汁

冬 冬の味覚を上品なだしとともに味わう和食の一汁三菜

シンプルな調理法で、旬の食材のおいしさをじっくり味わう献立です。
汁もの、揚げものは熱々が食べられるよう、段取りよく調理しましょう。
竜田揚げはぶりのほかに、鶏肉やかつおでもおいしくできます。

ぶりの香り竜田揚げ

下ごしらえのひと手間でおいしさアップ

材料　4人分
- ぶり(切り身)……4切れ
- 塩……適量
- つけ汁
  - 薄口しょうゆ……50mℓ
  - みりん……50mℓ
  - 酒……50mℓ
  - ゆずやかぼすなどのかんきつ類
    （あれば）……1個
- しし唐……8本
- 片栗粉……適量
- 揚げ油……適量
- 大根おろし、七味唐辛子、ポン酢
  ……各適量

下ごしらえ
[ぶりをつけ汁につける]
ぶりは塩をふってしばらくおいて水で洗い、キッチンペーパーで水けを軽くおさえる。そぎ切りにしてつけ汁に20分ほどつける。ゆずやかぼすなどがあれば、スライスしていっしょに浸す。

作り方
[ぶりに片栗粉をつける]
❶　つけ汁につけておいたぶりの汁けをキッチンペーパーなどで軽くおさえて片栗粉をつける。

[揚げる]
❷　フライパンや中華鍋に油を温め、160℃になったら❶をきつね色になるまで約1分揚げる。
＊温度調節機能がある場合は160℃に設定。

❸　しし唐は破裂するのを防ぐために包丁で切り込みを入れ、素揚げする。

❹　❷と❸の油をきって器に盛り、大根おろしの水けを軽くきって添え、七味唐辛子をふりポン酢をかける。

直径の大きいフライパンや中華鍋なら、一度に揚げられる。

かき玉汁

水溶き片栗粉でとろみをつけてから卵を流し入れます

材料　4人分
- だし汁……カップ3
- 卵……1個
- 酒……小さじ1
- 薄口しょうゆ……小さじ1
- 塩……小さじ1/4〜1/2
- 水溶き片栗粉
  - 片栗粉……大さじ1
  - 水……大さじ1½
- 三つ葉……適量

作り方
[だし汁を温める]
❶　鍋にだし汁を入れて中火にかけ、煮立ったら酒、塩、薄口しょうゆを順に入れる。

[とろみをつけ、卵を流し入れる]
❷　❶に水溶き片栗粉を流し入れて薄くとろみをつけ、卵を溶いて回すように流し入れ、卵がふわっと浮き上がったら火を止める。

❸　器に盛り、三つ葉を飾る。

水溶き片栗粉は、だし汁をかき混ぜながら入れると、均一にとろみがつく。

段取りのポイント

はじめに野菜を焼いて熱いうちにマリネ液につけておきます。えびと豆腐のうま煮を作りながら、かき玉汁のだし汁を沸かします。そぎ切りにしたぶりは、すぐに揚がるので最後に。

	0	5	10	15	20(分)
ぶりの香り竜田揚げ 🔥🔥🔥					ぶりを揚げる
えびと豆腐のうま煮 🔥🔥		えびと豆腐を煮る			
かき玉汁 🔥			だし汁を沸かし、仕上げる		
季節のグリル野菜の和風マリネ 🔥🔥🔥	野菜を焼く				

えびと豆腐のうま煮
だしのおいしさが命、煮汁は沸騰させないこと 🔥🔥

材料　4人分
- えび（殻つき）……8尾
- 絹ごしまたは木綿豆腐……1丁
- しいたけ……4枚
- 春菊……1わ
- 三つ葉……1株
- A
  - だし汁……カップ3
  - 酒……大さじ2
  - 薄口しょうゆ……大さじ2
  - 塩……小さじ1/2
- 水溶き片栗粉
  - 片栗粉……大さじ2
  - 水……大さじ1
- おろししょうが……少々

作り方

[えびの下ごしらえをし、材料を切る]

❶　えびは背わたを取り、殻つきのままこすり合わせるようにして水洗いする。

❷　しいたけは2等分に切る。春菊は3cm長さのざく切りにする。三つ葉は茎の数cm分は細かく刻んでおろししょうがと少々と合わせ、よけておき、残りは3cm長さに切る。

❸　豆腐は4等分に切る。

[煮る]

❹　鍋にAを入れて中火にかけ、煮立ったら①を加える。えびに火が通ったら一度取り出し、粗熱がとれたら殻をむく。

❺　④の鍋に③としいたけを加えて中火にかけて煮立て、十分に温まったら、④と春菊、三つ葉を入れてすぐに火を止め、余熱で葉物類に火を入れる。

❻　再び火をつけて水溶き片栗粉を流し入れ、とろみをつける。

❼　豆腐、えび、しいたけ、春菊と三つ葉を器に盛ってだし汁をかけ、②で細かく刻んだ三つ葉の茎とおろししょうがをのせる。

春菊と三つ葉はあとから盛りつけしやすいように、かためて入れる。

季節のグリル野菜の和風マリネ
だし汁がベースのマリネ液で上品な味わい 🔥🔥🔥

材料　4人分
- 長ねぎ……1本
- 長芋……10cm
- マリネ液
  - だし汁……カップ1
  - 薄口しょうゆ……大さじ1⅓
  - 酢……小さじ2
  - ポン酢……小さじ2

作り方

[マリネ液を作る]

❶　マリネ液の材料を鍋に入れて中火にかけ、沸いたら火を止める。

[野菜を切る]

❷　長ねぎは4〜5cm長さに切る。長芋は皮をむいて約1cm厚さの輪切りにする。

[グリルで焼く]

❸　両面焼きグリルにアルミホイルを敷いて②を並べ、上下強火で5〜7分、焼き色がつくまで焼く。

[マリネ液につける]

❹　③を熱いうちに①につける。

❺　④をマリネ液ごと器に盛りつける。

長ねぎはしっかりと焼き色をつけ、甘みを引き出す。

色彩と香り豊かな地中海料理で
華やかな食卓

レシピ 54 〜 55 ページ
レシピ制作／飯島淳

鶏肉のスパイシーご飯

サーモンのアクアパッツァ

きのこと豆のズッパ

淡色野菜のグリルサラダ

秋 色彩と香り豊かな地中海料理で華やかな食卓

スパイシーご飯は大きな鶏肉が入ってボリューム満点。レモンの酸味とレーズンの甘みがカレー風味を引き立てます。アクアパッツァは、オレンジとトマトが色鮮やか。ズッパはきのこと豆のいろいろな食感を楽しみましょう。

鶏肉のスパイシーご飯 🔥🔥🔥
見た目も味わいもハイセンスなご飯で食卓が盛り上がる

材料　作りやすい分量
- 白米……2合
- 水……450㎖
- 鶏もも肉*……1枚（約250g）
- さつまいも……60g
- レモン……1/2個
- レーズン……大さじ1
- A
  - はちみつ……小さじ1
  - カレー粉……大さじ1
  - コンソメ顆粒……大さじ1
  - 塩、こしょう……各少々

＊鶏肉はから揚げ用を使うと切る手間が省ける。

下ごしらえ
[米を水につける]
米は洗ってざるにあげて水けをきり、分量の水を加えてつけおく。

作り方
[材料を切る]
❶　さつまいもは5mm角に切る。レモンは3mm厚さの輪切りにする。
❷　鶏肉は8等分に切る。

[ご飯を炊く]
❸　水につけておいた米を水ごと鍋に入れ、Aを加えて全体を混ぜ、❷と❶、レーズンをのせる。
❹　❸を強火に約5分かけ、沸騰したら弱火にして約8分加熱し、火を止めて約5分蒸らす。

具材は米の上に並べるようにのせる。

きのこと豆のズッパ 🔥
薄切りのかぼちゃがとろけてほのかに甘いスープに

材料　4人分
- かぼちゃ……1/16個（120g）
- まいたけ……1パック（100g）
- しめじ……1パック（100g）
- ミックスビーンズ缶……1缶（110g）
- コンソメ顆粒……大さじ2
- 水……カップ2½
- 塩、こしょう……各適量
- オリーブオイル……大さじ1

作り方
[材料を切る]
❶　かぼちゃは2mm厚さに切る。しめじは石づきを切り小さめにちぎる。まいたけも小さめにちぎる。

[具を煮る]
❷　鍋にすべての材料を入れてふたをし、強火にかける。
❸　沸騰したら中火にして煮込む。途中焦げないように鍋底から木べらで混ぜる。
❹　かぼちゃがとろけて黄色いスープになったら、塩、こしょうで味をととのえる。

＊かぼちゃはなるべく薄く切るとよい。かぼちゃときのこは切った端から鍋に入れる。

途中、焦げつかないように鍋底から木べらで混ぜる。

段取りのポイント

時間のかかるスパイシーご飯とズッパを火にかけてから、ほかの2品の準備を。グリルで野菜を焼きはじめて手が空いたところで、メインのアクアパッツァに取りかかりましょう。

料理	火加減	0　5　10　15　20(分)
鶏肉のスパイシーご飯	🔥🔥🔥	ご飯を炊く
サーモンのアクアパッツァ	🔥	サーモンを焼いて煮る
きのこと豆のズッパ	🔥	スープと具を煮る
淡色野菜のグリルサラダ	🔥🔥🔥	野菜を焼く

サーモンのアクアパッツァ
🔥🔥

鮭は一度ソテーすることで香ばしさが加わりおいしさ倍増

材料　4人分
- サーモンまたは生鮭……4切れ(1切れ約80g)
- ミニトマト……16個
- オレンジ……1個
- コンソメ顆粒……大さじ1
- 水……カップ1
- オリーブオイル……大さじ2
- 塩、こしょう……各適量
- イタリアンパセリなど……適宜

作り方
[サーモンに塩をふる]
① サーモンは塩をふり、出てきた水けはキッチンペーパーなどでおさえる。

[サーモンを焼く]
② フライパンにオリーブオイルを入れて強火にかけ、皮目を下にして①を並べて焼く。出てきた脂や水分をキッチンペーパーなどで拭き取りながら、両面に薄く焼き色がつくまで焼く。

[サーモンと具を煮る]
③ ②の火をいったん止め、ミニトマト、コンソメ顆粒、分量の水、塩、こしょうを加える。
④ オレンジは横から包丁を入れて2等分にし、半分は3mm厚さの半月切りに、残りの半分は手で果汁を絞り、ともに③に加える。
⑤ ④を再び強火にかけ、沸騰したら弱火にしてふたをし約6分煮る。
⑥ 味をみて、塩、こしょうで味をととのえる。
⑦ 皿に盛りつけ、あればイタリアンパセリなどハーブを飾る。

＊あさりやオリーブ、ドライトマト、にんにくなどを加えると、うまみがさらに深まる。

サーモンから出てきた脂や水分は拭き取って臭みを抑える。

淡色野菜のグリルサラダ
🔥🔥🔥

焼き野菜の凝縮したうまみをバルサミコ酢が引き立てます

材料　4人分
- 玉ねぎ……小1個
- なす……1本
- 大根……約5cm
- オリーブオイル……大さじ2
- A
  - オリーブオイル……大さじ3
  - バルサミコ酢……大さじ2
  - 砂糖……大さじ2
- 塩、こしょう……各少々
- パルメザンチーズ……適量

作り方
[材料を切る・オイルをまぶす]
① 玉ねぎとなすは1cm厚さの輪切り、大根は皮つきのまま5mm厚さのいちょう切りにする。
② ①にオリーブオイルをかけてからめる。

[グリルで焼く]
③ 両面焼きグリルにアルミホイルをトレイ状にしてのせ、②を並べて全体に塩、こしょうをし、上下強火で約10分焼く。

[ドレッシングと和える]
④ ボウルにAの材料を合わせ、③を加えて全体を和える。
⑤ 皿に④を盛り、パルメザンチーズをふる。

火が通りにくい玉ねぎは奥に並べて焼く。

夏

一気に作って、みんなといっしょに楽しく飲みましょう！

家飲みのおつまみは20分で6品

食材の数が少なく短時間ででき、しかも見栄えのするおつまみを組み合わせました。

3色スティックかじきのソテー 💧💧💧

材料　4人分
かじき(切り身)……4切れ
塩、こしょう……各少々
オリーブオイル……大さじ1〜2
カレー粉……適量
青のり……適量

作り方
❶　かじきに塩、こしょうで下味をつけ、1cm幅に切る。
❷　フライパンにオリーブオイルを入れて中火で温め、①を焼く。
❸　②の一部にカレー粉と青のりをふり、3種類の味つけにする。

魚介のアヒージョ 💧💧💧

材料　4人分
むきえび……大3尾　　赤唐辛子……1本
ゆでだこ……150g　　オリーブオイル……カップ1/2
アンチョビ……2枚　　塩、こしょう……各少々
にんにく……1かけ

作り方
❶　えびとたこは一口大に切る。にんにくは包丁でつぶし、赤唐辛子は半分に切る。アンチョビは粗く刻む。
❷　フライパンににんにくと赤唐辛子とオリーブオイルを入れて中火にかけ、香りが立ってきたらアンチョビ、たこ、えびを加える。
＊温度調節機能がある場合は130℃に設定。
❸　オイルがフツフツしてきたら、弱火〜中火で2〜3分加熱し、塩、こしょうで味をととのえる。

段取りのポイント

ラタトゥイユを火にかけてトマトとバーニャカウダをグリルで焼きはじめたら、かじきをソテーします。オムレツを焼いている間に、大火力バーナーでは2回転めのアヒージョを。

		0	5	10	15	20(分)
かじきのソテー、魚介のアヒージョ	🔥🔥🔥			かじきを焼く		魚介を揚げ焼きにする
スペイン風オムレツ	🔥🔥			野菜を炒め、卵を焼く		
ラタトゥイユ	🔥		野菜を煮る			
ブルスケッタ、バーニャカウダ	🔥			野菜とソースを焼く		

ズッキーニのスペイン風オムレツ 🔥🔥

材料　4人分
卵……5個
ズッキーニ……1/2本
玉ねぎ……1/2個
ベーコン……2枚
オリーブオイル……大さじ4
塩……小さじ1/3
こしょう……適量

作り方

❶ ズッキーニは2～3mm厚さの輪切り、玉ねぎは薄切り、ベーコンは1cm幅に切る。ボウルに卵を溶き、塩、こしょうをしてよく混ぜる。

❷ フライパンにオリーブオイルを入れ、中火でベーコンと玉ねぎを炒め、玉ねぎがしんなりしたらズッキーニを加えてさらに炒める。溶き卵を加えて菜箸でかき混ぜ、半熟状になったらふたをして約5分焼く。4～5cm角にカットして皿に盛る。

＊温度調節機能がある場合は160℃に設定。

ラタトゥイユ 🔥

材料　4人分
トマト……大1個
ズッキーニ……1本
パプリカ(赤・黄)
　……各1/2個
玉ねぎ……1/2個
にんにく……1かけ
オリーブオイル……大さじ2
塩、こしょう……各少々
パセリのみじん切り……適宜

作り方

❶ トマトは一口大に、ズッキーニ、パプリカ、玉ねぎは1.5cm角に切る。にんにくは包丁でつぶす。

❷ フライパンにオリーブオイル、にんにくを入れて中火にかけ、香りが立ってきたら玉ねぎ、ズッキーニ、パプリカを順に入れて炒め、野菜がやわらかくなったら、トマトを加えて煮込む。

❸ ②のトマトが煮くずれてとろみがついてきたら、塩、こしょうで調味する。

❹ 器に盛り、あればパセリのみじん切りを散らす。

家飲みのおつまみは20分で6品

トマトのブルスケッタ

材料　4人分
ミニトマト……12個
オリーブオイル……大さじ1
塩、こしょう……各少々
バゲット……5cm
バジル……適宜

作り方
① ミニトマトはへたを取り、両面焼きグリルにアルミホイルを敷いて並べ、上下強火で7分焼く。
② ボウルに①を入れてオリーブオイル、塩、こしょうを加え、フォークなどでつぶすように混ぜ合わせる。
③ バゲットを薄く切って②をのせ、あればバジルの葉を飾る。

5

6

バーニャカウダ

材料　4人分
アンチョビ……1枚(10g)
おろしにんにく……少々
生クリーム……50g
キャベツ……1/4個
パプリカ……1/2個

作り方
① アルミホイルでカップ状のケースを作り、アンチョビ、にんにく、生クリームを入れる。キャベツはくし形に、パプリカは縦4等分に切る。
② ①を両面焼きグリルに並べ、上下強火で約7分焼く。

ブルスケッタのトマトとバーニャカウダはグリルで同時調理。バーニャカウダのソースは取り出しやすいように手前に置く。

グリルやフライパン一つでできる
肉や魚のおかず、
シンプルな調理法で作る
野菜がおいしい副菜や汁ものなど、
がんばらなくてもできる、
とっても簡単な献立です。

Part2

ふだんのごはん

鶏肉の照り焼きの献立

鶏肉の照り焼き／れんこんとベーコンの塩炒め／
ブロッコリーのごま和え／けんちん汁

レシピ62〜63ページ

豚肉のしょうが焼きの献立

豚肉のしょうが焼き／新じゃがのバターじょうゆ煮／
焼き竹の子とそら豆のからしじょうゆ／アスパラと豆腐のみそ汁　　レシピ64〜65ページ

［フライパンで肉を焼く］
秋 鶏肉の照り焼きの献立

鶏肉を焼いてたれをからめるだけの照り焼きは、
あっという間にできる鶏肉料理の定番。
副菜と具だくさんのけんちん汁で野菜をたっぷり補います。

鶏肉の照り焼き
鶏肉を焼いた後、たれをからめるのでやわらか

材料　4人分
鶏もも肉……2枚(1枚約250g)
薄力粉……大さじ1
サラダ油……大さじ1
たれ
　しょうゆ……大さじ3
　みりん……大さじ1
　酒……大さじ1
　砂糖……大さじ1
水菜……適量

作り方
[鶏肉に薄力粉をまぶして焼く]
❶　鶏肉は4等分に切り、薄力粉を薄くまぶす。
❷　フライパンにサラダ油を熱し、中火で鶏肉の両面をきつね色に焼く。火が通ったら一度取り出す。
[たれをからめる]
❸　②のフライパンをキッチンペーパーなどでさっと拭いて、たれの材料を入れて中火にかけ、煮立ったら②をもどし入れて全体にからめる。皿に4～5cm長さに切った水菜とともに盛る。

鶏肉をもどし入れ、たれをからめながら煮詰める。

ブロッコリーのごま和え
グリルで蒸し焼きにするから、鍋を出す手間がいりません

材料　4人分
ブロッコリー……1/2株
和え衣
　すり白ごま……大さじ3
　砂糖……大さじ1
　しょうゆ……大さじ1

作り方
[ブロッコリーをグリルで蒸し焼きにする]
❶　ブロッコリーは小房に分け、水少量（分量外）とともにアルミホイルで包む。
❷　両面焼きグリルの上下強火で約8分焼く。
[和える]
❸　ボウルに和え衣を合わせ、②を加えて和える。

蒸し焼きにする場合は、少量の水を加えると、しっとり仕上がる。

段取りのポイント

けんちん汁の具を炒めて煮はじめてから、冷めてもおいしいごま和えのブロッコリーをグリルで蒸し焼きにします。鶏肉をじっくり焼いている間にれんこんの炒めものを作ります。

	0	5	10	15	20(分)
鶏肉の照り焼き	🔥🔥🔥		鶏肉を焼く		
れんこんとベーコンの塩炒め	🔥🔥		れんこんを炒める		
けんちん汁	🔥		具を炒め、だし汁を加えて煮る		
ブロッコリーのごま和え	(グリル)		ブロッコリーの蒸し焼き		

れんこんとベーコンの塩炒め

鶏肉の照り焼きもごま和えも甘辛味なので、塩味でシンプルに

材料　4人分
れんこん……300g
ベーコン……2枚
酒……大さじ1
塩、こしょう……各少々

作り方
[れんこんとベーコンを切る]
❶ れんこんは皮つきのまま乱切りにする。ベーコンは1cm幅に切る。
[炒める]
❷ フライパンにベーコンを入れて中火で炒め、ベーコンから脂が出てきたら、れんこんを加え、全体に脂がなじんだら酒を加えてさらに炒める。
❸ れんこんに火が通ったら塩、こしょうで調味する。

ベーコンで塩味がつくので、味見をしながら調味。

けんちん汁

ごま油で野菜を炒めることでコクをプラス

材料　4人分
大根……100g
にんじん……50g
里芋……2個
こんにゃく……1/2枚
しいたけ……4枚
長ねぎ……1本
木綿豆腐……1/2丁
だし汁……カップ3
ごま油……大さじ1
しょうゆ……大さじ1

作り方
[材料を切る]
❶ 大根、にんじんは皮つきのまま5mm厚さのいちょう切り、里芋は皮をむき5mm厚さの輪切りにする。こんにゃくは縦半分に切って短冊切りにし、しいたけは石づきを切って1cm幅に切る。長ねぎは3cmは飾り用に薄い輪切りに、残りは1cm幅の小口切りにする。
[具を炒めて煮る]
❷ 鍋にごま油を中火で熱し、飾り用の長ねぎ以外の❶を入れて炒める。
❸ ❷にだし汁を加え、野菜がやわらかくなるまで煮る。
[豆腐を加えて煮る]
❹ 豆腐の水けをキッチンペーパーなどで軽くおさえてから手でちぎりながら加え、再び煮立ったらしょうゆで調味する。器に盛り、飾り用の長ねぎをのせる。

野菜がやわらかくなったら豆腐を入れ、入れたら火を通しすぎない。

春　[フライパンで肉を焼く]
豚肉のしょうが焼きの献立

しょうがの効果で、豚肉がやわらか。
甘さひかえめなのでご飯のおかずにぴったり。
グリルで焼いた野菜はうまみが凝縮され、野菜のおいしさに驚きます。

豚肉のしょうが焼き
豚肉は重ならないように並べて、手早く焼きます

材料　4人分
豚ロース肉（しょうが焼き用）……12枚
A｜しょうが……1かけ
　｜しょうゆ……大さじ3
　｜酒……大さじ3
　｜みりん……大さじ1
サラダ油……大さじ1
キャベツ……1/4個

作り方
[たれを作る]
❶　しょうがはすりおろして器に入れ、残りのAの材料と合わせる。
[豚肉を焼く]
❷　フライパンにサラダ油を強火で熱し、豚肉を並べて焼く。
❸　豚肉の色が両面とも変わったら①のたれを加え、豚肉にからませるように焼く。
❹　皿にキャベツのせん切りと③を盛りつける。

たれは、肉全体に行きわたるようにかける。

新じゃがのバターじょうゆ煮
少量の煮汁でも落としぶたをすれば全体に味がしみ込みます

材料　4人分
新じゃが……小4〜5個（300g）
A｜バター……20g
　｜しょうゆ……小さじ2
　｜砂糖……小さじ2
　｜水……カップ3/4

作り方
[新じゃがを切る]
❶　新じゃがは皮つきのまま、2〜4等分に切る。
[新じゃがを煮る]
❷　鍋に①とAを入れて落としぶたをし、さらにふたをして弱めの中火で12〜13分煮る。
❸　じゃがいもがやわらかくなったらふたと落としぶたをとり、火を強めて煮汁をとばす。

鍋をゆすりながら煮汁をとばし、新じゃがにからめる。

段取りのポイント

時間のかかる新じゃがの煮ものを火にかけます。グリルで竹の子とそら豆を焼きはじめたら豚肉に取りかかり、その合間をぬってみそ汁を作ります。

	0	5	10	15	20(分)
豚肉のしょうが焼き	🔥🔥🔥		豚肉を焼く		
新じゃがのバターじょうゆ煮	🔥🔥	新じゃがを煮る			
アスパラと豆腐のみそ汁	🔥			だし汁を沸かし具を煮る	
焼き竹の子とそら豆のからしじょうゆ	🔥🔥🔥🔥	竹の子とそら豆を焼く			

焼き竹の子とそら豆のからしじょうゆ
グリル野菜はこんがり焼き色がつくまで焼きます

材料　4人分
ゆで竹の子……中½本
そら豆(さやつき)……8本
しょうゆ……適量
練りがらし……適量

作り方
[竹の子を切る]
❶　ゆで竹の子は縦2等分に切る。
[グリルで焼く]
❷　①とそら豆を両面焼きグリルに並べ、上下強火で7～8分焼く。
❸　食べやすい大きさに切った竹の子とそら豆を皿に盛り、しょうゆと練りがらしを添える。

そら豆はさやごと焼いて蒸し焼きに。竹の子はこんがり色づくまで焼く。

アスパラと豆腐のみそ汁
アスパラはみそ汁にも合います

材料　4人分
グリーンアスパラ……4本
木綿豆腐……1/2丁
だし汁……カップ2
みそ……大さじ2

作り方
[アスパラと豆腐を切る]
❶　アスパラは根元のかたい部分を切り落とし、2cm長さの斜め切りにする。豆腐は1cm角に切る。
[具を煮て、みそを溶き入れる]
❷　鍋にだし汁を入れて中火にかけ、沸騰したら①を加えてひと煮立ちさせ、みそを溶き入れる。

小さく切ったアスパラと豆腐は火が通りやすいので、入れた後はひと煮立ちさせるだけで十分。

塩焼き鶏のトマトのせの献立

塩焼き鶏のトマトのせ／なすとピーマンのごまみそ炒め煮／
ゴーヤの梅ツナ和え／オクラとめかぶのお吸いもの

レシピ 68 〜 69 ページ

レシピ制作／満留邦子

豚肉のみそ漬け焼きの献立

豚肉のみそ漬け焼き／白菜とさつま揚げの煮びたし／
大根のゆずみそのせ／小松菜と油揚げのみそ汁

レシピ70〜71ページ

[グリル で 肉 を 焼く]

夏 塩焼き鶏のトマトのせの献立

炭火焼き風に焼き上がった鶏肉がトマトのほのかな酸味で食べやすく夏にぴったり。
ツナのうまみが加わったゴーヤの梅和えは、
苦みが和らぎ、あとをひくおいしさです。

塩焼き鶏のトマトのせ

鶏肉に切り込みを入れると火の通りがよく、均一に焼き上がります

材料　4人分
鶏もも肉……2枚
塩……小さじ1
酒……大さじ1
トマト……1個(150g)
酢……大さじ1
しょうゆ……小さじ2
青じそ……3枚

作り方
[鶏肉の下ごしらえをする]
❶　鶏肉は余分な脂身を取って筋切りし、火の通りが均一になるように1cm幅に切り込みを入れ、塩と酒をまぶす。
[グリルで焼く]
❷　両面焼きグリルに①を並べ、上下強火で約10分焼く。
[仕上げる]
❸　トマトは1cm角に切り、ボウルに酢としょうゆと合わせる。
❹　焼き上がった鶏肉を食べやすい大きさに切って皿に盛り、③をのせて、青じそをちぎって散らす。

鶏肉は皮目を上にして並べ、こんがり焼く。

なすとピーマンのごまみそ炒め煮

なすは切った端からフライパンに入れ、水にさらす手間をカット

材料　4人分
なす……3本
ピーマン……3個
A｜めんつゆ(3倍濃縮)
　　……大さじ1½
　｜酒……大さじ2
　｜みそ……大さじ1～2
サラダ油……大さじ2
すり白ごま……大さじ1

作り方
[ピーマンを切る]
❶　ピーマンは半分に切って種とへたを取り、ざく切りにする。
[なすを切り、炒め煮にする]
❷　フライパンにサラダ油を中火にかけ、なすはへたを切り落として乱切りにしながらフライパンへ入れ、炒める。
❸　なすがしんなりして皮が色鮮やかになったらピーマンを加えてひと混ぜし、器にAを合わせて加え、ときどき混ぜながら炒め煮にする。
❹　③の汁けがほぼなくなったらすりごまを加え、ざっと混ぜる。

調味料を全体に回し入れたら、混ぜながら炒め煮にし、汁けをとばす。

段取りのポイント

鶏肉の下ごしらえをしてグリルで焼きはじめます。その間に、なすとピーマンの炒めもの、ゴーヤの下ゆで、お吸いものの順に取りかかりましょう。

	0	5	10	15	20(分)
なすとピーマンのごまみそ炒め煮	🔥🔥🔥			なすとピーマンを炒め煮にする	
ゴーヤの梅ツナ和え	🔥🔥			ゴーヤをゆでる	
オクラとめかぶのお吸いもの	🔥			だし汁を沸かし具を煮る	
塩焼き鶏のトマトのせ	🔥🔥🔥🔥	鶏肉を焼く			

ゴーヤの梅ツナ和え
味つけはツナと梅干しで。調味料いらずの和えもの 🔥🔥

材料　4人分
ゴーヤ……1本
ツナ缶(オイル漬け)……小1缶(70g)
梅干し……大1個

作り方
[ゴーヤを切り、ゆでる]
❶ 鍋に湯を沸かす。ゴーヤは半分に切って種とわたを取り、2mm厚さの薄切りにして塩少々(分量外)をふる。
❷ ゴーヤをさっとゆでて水にとって冷まし、ざるにあげる。
[和える]
❸ ボウルにゴーヤの水けを絞って入れ、ツナ(缶汁ごと)と梅干しを細かくちぎって加え、よく和える。

ゆで水は多いと沸かすのに時間がかかるので、ゴーヤが浸るくらいの量で。

オクラとめかぶのお吸いもの
刻みめかぶの市販品を利用した手軽にできる汁もの 🔥

材料　4人分
オクラ……4本
刻みめかぶ……2パック(1パック40g)
だし汁……カップ3
塩……小さじ1/4
しょうゆ……小さじ1/2
おろししょうが……小さじ1

作り方
[オクラを切る]
❶ オクラはへたを切り取り、約5mm厚さの小口切りにする。
[具を煮る]
❷ 鍋にだし汁を入れて中火にかけ、沸騰したらオクラとめかぶを加える。
❸ ひと煮立ちしたら塩としょうゆで調味する。
❹ 器に盛って、おろししょうがを加える。

だし汁が沸騰したら、オクラ、めかぶを加える。

[グリルで肉を焼く]

冬 豚肉のみそ漬け焼きの献立

豚ロース肉に甘辛のみそだれのコクが加わり、
ご飯がどんどんすすみます。
副菜には大根、白菜、小松菜など、冬においしい野菜を組み合わせて。

豚肉のみそ漬け焼き

グリルで焼けば、余分な脂が落ちてヘルシーに

材料　4人分
豚ロース肉（とんかつ用）
　……4枚（1枚約100g）
みそだれ
　みそ……80〜100g
　砂糖……大さじ3
　酒……大さじ4
　みりん……大さじ2
長ねぎ……1本
サラダ油……大さじ1/2

下ごしらえ
[豚肉をみそだれにつけ込む]
みそだれの材料をポリ袋に合わせ、豚肉を筋切りして入れ一晩つけ込む。

作り方
[ねぎを切る]
❶ 長ねぎは4cm長さに切り、サラダ油をまぶす。
[豚肉とねぎをグリルで焼く]
❷ 豚肉はみそだれを軽く取り、❶とともに両面焼きグリルに並べ、上下弱火で約10分焼く。
❸ 豚肉は食べやすい大きさに切って皿に盛り、長ねぎを添える。

みそだれは焦げやすいので、焼く前に軽く取る。

白菜とさつま揚げの煮びたし

淡白な白菜にさつま揚げのうまみがしみておいしい

材料　4人分
白菜……1/4株（400g）
さつま揚げ……4枚
A｜だし汁……カップ1
　｜酒……大さじ1
　｜みりん……大さじ1
　｜しょうゆ……大さじ1

作り方
[白菜とさつま揚げを切る]
❶ 白菜は、3〜4cm長さのざく切りに、さつま揚げは5mm幅に切る。
[煮る]
❷ 鍋に❶とAを入れて中火にかけ、ふたをして白菜がやわらかくなるまで10〜15分煮る。

白菜のようにかさばる野菜を煮るときは、炒め鍋や深めのフライパンが便利。

段取りのポイント

最も時間のかかる大根をゆではじめ、次に味がしみ込んだほうがおいしい白菜の煮びたしの準備をします。豚肉のみそ漬けはほかの料理の進み具合を見ながら焼きはじめましょう。

		0	5	10	15	20(分)
白菜とさつま揚げの煮びたし	🔥🔥🔥			白菜とさつま揚げを煮る		
大根のゆずみそのせ	🔥🔥	大根をゆでる				
小松菜と油揚げのみそ汁	🔥			だし汁を沸かし具を煮る		
豚肉のみそ漬け焼き	🔥			豚肉とねぎを焼く		

大根のゆずみそのせ
1cmぐらいの厚さに切って、ゆで時間を短縮します　🔥🔥

材料　4人分
大根……8～10cm（400g）
ゆずみそ……適量
昆布……7cm角1枚

作り方
[大根を切る]
❶　大根は1～1.5cm厚さの輪切りにし、十文字に隠し包丁を入れる。
[ゆでる]
❷　鍋に昆布と❶と、ひたひたの水を入れてふたをして強火にかけ、沸騰したら弱火にして15～18分煮る。
❸　大根に火が通ったら器に盛りつけ、ゆずみそをのせる。

ゆで水は、大根が浸るくらいの量で。多すぎると時間がかかる。

小松菜と油揚げのみそ汁
小松菜を入れたら、さっと煮て色よく仕上げます　🔥

材料　4人分
小松菜……1/2株
油揚げ……1枚
だし汁……カップ3
みそ……大さじ2

作り方
[小松菜と油揚げを切る]
❶　小松菜は3cm長さのざく切りに、油揚げは3cm長さの短冊切りにする。
[具を煮て、みそを溶き入れる]
❷　鍋にだし汁を中火で沸かし、油揚げを入れて煮る。
❸　煮立ったら小松菜を加えてさっと火を通し、みそを溶き入れる。

油揚げを入れただし汁が沸騰してから小松菜を加える。

秋なすと豚肉の炒めものの献立

秋なすと豚肉の炒めもの／かに玉風あんかけ／
いろいろきのこのグリル焼き／青梗菜(チンゲンツァイ)とハムのクリームスープ　　　レシピ74〜75ページ

レシピ制作／広嶋栄美子

いかとトマトのにんにく炒めの献立

いかとトマトのにんにく炒め／あじのごま焼き／
野菜の揚げびたし／豆腐のすり流しみそ汁

レシピ 76〜77 ページ

[季節の食材の炒めもの]

秋なすと豚肉の炒めものの献立

オイスターソースがベースの青椒肉絲(チンジャオロース)のような味つけの炒めもの。
かに玉風あんかけと青梗菜(チンゲンツァイ)とハムのスープで
中華の献立に仕立てました。

秋なすと豚肉の炒めもの
ふたを上手に活用して、短時間で炒め上げましょう

材料　4人分
- 豚肩ロース肉(薄切り)……200g
- なす……2～3本
- ピーマン……2個
- にんにく……1かけ
- A
  - オイスターソース……大さじ1
  - 砂糖……小さじ2
  - 酒……大さじ1
  - 鶏がらスープの素……小さじ1/2
  - しょうゆ……小さじ2
- 塩、こしょう……各少々
- サラダ油……大さじ1
- ごま油……小さじ1

作り方
[材料を切る]
❶　豚肉は一口大に切り、塩、こしょうをふる。
❷　ピーマンは縦半分に切って種とへたを取りざく切り、なすはへたを取り一口大の乱切り、にんにくは薄切りにする。
[炒める]
❸　フライパンにサラダ油とにんにくを入れて中火にかけ、香りが立ってきたら①を加えて炒め、肉の色が変わったらなすを加えてふたをして蒸し炒めにする。なすがしんなりしてきたらピーマンを加えて炒める。
❹　ボウルにAを合わせて③に加え、全体に大きく混ぜ合わせ、仕上げにごま油をかける。

ピーマンは後から加えて、色よく仕上げる。

いろいろきのこのグリル焼き
ホイル焼きできのこの風味がぐっと引き出されます

材料　4人分
- えのき茸……1袋(100g)
- しめじ……1パック(100g)
- しいたけ……4枚
- A
  - めんつゆ(3倍濃縮)……小さじ2
  - 水……大さじ2
  - 酢……小さじ1
  - ラー油……少々

作り方
[きのこを切る]
❶　えのき茸は根元を切ってほぐす。しいたけは石づきを切り取り半分に切る。しめじは石づきを切り取りほぐす。
[アルミホイルに包んでグリルで焼く]
❷　①をアルミホイルで包み、両面焼きグリルの上下強火で約7分焼く。
[和える]
❸　ボウルにAを合わせ、②を加えて和える。

焼き上がって熱いうちにたれと和える。

段取りのポイント

きのこのグリル焼きから取りかかり、熱々を食べたい炒めもの、かに玉風、スープは後にします。かに玉をじっくり焼いている時間を利用して、炒めものとスープを作ります。

	0	5	10	15	20(分)
秋なすと豚肉の炒めもの				なすと豚肉を炒める	
かに玉風あんかけ			卵を焼き、あんを作る		
青梗菜とハムのクリームスープ				スープを沸かし具を煮る	
いろいろきのこのグリル焼き	きのこを焼く				

かに玉風あんかけ
卵がほぼかたまったら取り出し、余熱で火を入れます

材料　4人分
- 卵……4個
- かに風味かまぼこ……14本
- 長ねぎ……1本
- A
  - 酒……大さじ1
  - 水……カップ1/2
  - 鶏がらスープの素……小さじ1
  - しょうゆ……小さじ1
- 水溶き片栗粉
  - 片栗粉……小さじ1/2
  - 水……小さじ1/2
- ごま油……大さじ2
- 塩、こしょう……各少々

作り方
[具と卵液の準備をする]
① かに風味かまぼこは手でざっくりとほぐす。長ねぎは粗みじんに切る。
② ボウルに卵を溶きほぐし、塩、こしょう、かに風味かまぼこを加えて混ぜる。

[卵を焼く]
③ 小さいフライパンにごま油と長ねぎを入れて中火で熱し、②を流し入れたら菜箸で大きく混ぜ、半熟状になったらふたをして約5分焼く。
④ 卵がほぼかたまったら、フライパンに皿をかぶせ、返して取り出す。

[あんを作る]
⑤ ④のフライパンにAを入れて中火にかけ、沸騰したら火を弱めて水溶き片栗粉を加えてとろみをつける。
⑥ ④を切って皿に盛り、⑤をかける。

ふたをして焼くことで、早くしっとり焼き上がる。

青梗菜とハムのクリームスープ
ハムのうまみを利用してコクのあるスープに

材料　4人分
- 青梗菜……1株
- ハム……4枚
- 水……カップ2
- 鶏がらスープの素……小さじ1
- 牛乳……カップ1
- 塩、こしょう……各少々
- 水溶き片栗粉
  - 片栗粉……小さじ1
  - 水……大さじ1

作り方
[青梗菜とハムを切る]
① 青梗菜は葉と茎に分け、茎は縦にざく切りにする。葉は縦半分に切る。
② ハムは半分に切ってから5mm幅に切る。

[具を煮る]
③ 鍋に分量の水、鶏がらスープの素、青梗菜の茎を入れて中火にかけ、ふたをして2～3分煮る。
④ ③に青梗菜の葉とハムを加え、1分ほど煮る。
⑤ ④に牛乳を加え、煮立つ直前に火を止め、塩、こしょうで味をととのえる。
⑥ 水溶き片栗粉を⑤に回し入れて全体を混ぜ、もう一度火をつけて、とろみがついたら火を止める。

牛乳を加えたら、沸騰直前で火を止め、煮立たせない。

[季節の食材の炒めもの]

夏 いかとトマトのにんにく炒めの献立

オリーブオイルとしょうゆで作る新和食の炒めものは、
いかのおいしさが引き立ちます。
揚げびたしは、野菜を素揚げしたら、めんつゆのたれに浸すだけ。

いかとトマトのにんにく炒め

炒めたきゅうりは独特の食感で意外なおいしさ

材料　4人分
いか(下処理済みのもの)……2はい
きゅうり……2本
ミニトマト……12個
にんにく……2かけ
赤唐辛子……2本
オリーブオイル……大さじ4
しょうゆ……小さじ2
塩、こしょう……各少々

作り方
[いかと野菜を切る]
❶　いかは胴体を1cm幅の筒切り、足を食べやすい大きさに切る。
❷　きゅうりは乱切り、ミニトマトはへたを取る。にんにくは薄切り、唐辛子は小口切りにする。
[炒める]
❸　フライパンににんにくと赤唐辛子とオリーブオイルを入れて弱火にかけ、香りが立ってきたら、きゅうり、ミニトマトを加えて強火にして炒め、野菜に油が回ったら①を加えて炒め合わせる。
❹　いかに火が通ったら、しょうゆを回し入れて火を止め、塩、こしょうで味をととのえる。

いかは火が入りすぎるとかたくなってしまうので、最後に加える。

あじのごま焼き

裏返す必要のない両面焼きグリルなら、ごまがはがれません

材料　4人分
あじ(三枚におろしたもの)……4枚
とうもろこし……小1/2本
A ┃ しょうゆ……大さじ3
　┃ おろししょうが……小さじ1
　┃ 酒……大さじ1
　┃ みりん……大さじ1
　┃ ごま油……大さじ1
いり白ごま……大さじ4

作り方
[あじに下味をつける]
❶　あじは骨があれば抜き、半分に切る。
❷　バットなどにAを合わせて①を10分ほどつけ、両面にごまをつける。
[とうもろこしを切る]
❸　とうもろこしは長さを半分に切って縦4等分に切る。
[グリルで焼く]
❹　両面焼きグリルにアルミホイルを敷いて②と③を並べ、上下強火で約6分焼く。

アルミホイルを敷いて焼くと、取り出しやすい。

段取りのポイント

揚げ油を火にかけてから、切りものなどに取りかかります。野菜を揚げながら、みそ汁のだし汁を火にかけ、炒めものに取りかかります。あじは最後に。

	0	5	10	15	20(分)
いかとトマトのにんにく炒め 🔥🔥🔥			野菜といかを炒める		
野菜の揚げびたし 🔥🔥	野菜を揚げる				
豆腐のすり流しみそ汁 🔥			だし汁を沸かし豆腐を煮る		
あじのごま焼き 🔥🔥🔥🔥				あじを焼く	

野菜の揚げびたし 　
はじめに作り、食べるまでたれにつけ込んでおきます

材料　4人分
- なす……2本
- かぼちゃ……1/8個
- オクラ……8本
- にんじん……1/2本
- つけだれ
  - めんつゆ（3倍濃縮）……カップ1/2
  - 水……カップ1½
- 揚げ油……適量

作り方
[野菜を切る]
① なすはへたを切り落とし縦半分に切って4等分にする。かぼちゃは5mm厚さに切る。オクラはへたを取り、破裂防止のために包丁を刺して穴をあける。にんじんは4cm長さの短冊切りにする。

[揚げて、たれにつける]
② フライパンや中華鍋に揚げ油を入れて中火にかけ、180℃になったら①を揚げ、熱いうちにボウルに合わせたつけだれにつける。

＊温度調節機能がある場合は180℃に設定。

火が通りにくいかぼちゃは薄く切ると短時間で揚がる。

豆腐のすり流しみそ汁
豆腐をざるでこして作る早ワザみそ汁。口当たりがやさしい

材料　4人分
- 絹ごし豆腐……1丁
- だし汁……カップ3
- みそ……大さじ2
- 青じそ……4枚

作り方
[だし汁を沸かし、みそを溶き入れる]
① 鍋にだし汁を入れて中火にかけ、沸騰したらみそを溶き入れる。

[豆腐を入れる]
② ①に豆腐をざるでこしながら入れ、沸騰直前で火を止める。
③ ②を器に盛り、青じそをせん切りにしてのせる。

ざるに豆腐を入れ、玉じゃくしで押しつけるようにしてこしながら入れる。

さわらのマヨしょうゆ焼きの献立

アスパラ・じゃこご飯／さわらのマヨしょうゆ焼き／
豆腐のひき肉あんかけ／新じゃがのみそ汁

レシピ 80 ～ 81 ページ

レシピ制作／小栁津大介

たらのホイル焼き甜麺醬ソースの献立

チャーハン／たらのホイル焼き甜麺醬ソース／
カリフラワーの甘酢炒め／豆腐とにらのスープ

レシピ 82～83 ページ

レシピ制作／大矢るり子

[春] ［グリルで魚を焼く］
さわらのマヨしょうゆ焼きの献立

炊き込みご飯は、うまみがあって塩辛いじゃこがだしと調味料代わりに。
淡白なさわらにマヨしょうゆでコクをプラス。
焦げやすいたれは後から塗ります。

アスパラ・じゃこご飯
短時間で炊く場合は、十分に吸水させるとよりおいしい

材料　4人分
- グリーンアスパラ……10本
- じゃこ……100g
- 米……2合
- 水……カップ2

下ごしらえ
[米を水につける]
米は洗ってざるにあげて水けをきり、分量の水に2時間以上つける。

作り方
[アスパラを切る]
① グリーンアスパラは根元のかたい部分を切り落とし、3cm長さに切る。
[ご飯を炊く]
② 鍋に水につけておいた米を水ごと入れ、じゃこ①の穂先以外を入れる。
③ ②を強火にかけて約5分加熱し、沸騰したら弱火にして約8分加熱する。火を止めたら残しておいたアスパラの穂先を加え、約5分蒸らす。

アスパラとじゃこは米にのせて炊く。アスパラの穂先は蒸らすときに加える。

さわらのマヨしょうゆ焼き
八分通り焼いたら、皮目にマヨだれを塗って焼きます

材料　4人分
- さわら(切り身)……4切れ
- 玉ねぎ……1/2個
- つけだれ
  - しょうが……1かけ
  - しょうゆ……大さじ3
  - 酒……大さじ1
- A
  - マヨネーズ……大さじ4
  - しょうゆ……小さじ2
- 一味唐辛子……適宜

下ごしらえ
[さわらをつけだれにつける]
つけだれのしょうがはすりおろしてしょうゆと酒と合わせ、さわらを2時間ほどつける。

作り方
[玉ねぎを切る]
① 玉ねぎは薄切りにし、4等分に分ける。
[グリルで焼く]
② 両面焼きグリルにアルミホイルを敷いて①を4ヵ所に置き、その上にさわらをのせ、上下強火で約7分焼く。
③ ボウルにAを合わせ、②に塗ってさらに1分焼く。皿に盛り、あれば一味唐辛子をふる。

たれは焦げやすいので、さわらにほぼ火が通ってから塗る。

段取りのポイント

ご飯を火にかけてから、みそ汁の新じゃがを煮はじめます。その間にさわらをグリルに並べ、豆腐とひき肉のあんかけを火にかけ、ひき肉の色が変わりはじめたらグリルを点火します。

		0	5	10	15	20(分)
アスパラ・じゃこご飯	🔥🔥🔥	ご飯を炊く				
豆腐のひき肉あんかけ	🔥🔥			豆腐とひき肉を煮る		
新じゃがのみそ汁	🔥			だし汁と新じゃがを煮る		
さわらのマヨしょうゆ焼き	🔥🔥🔥			さわらを焼く		

豆腐のひき肉あんかけ

豆腐とひき肉をいっしょに煮込み、あんも同時に作ります

材料　4人分
- 木綿豆腐……1丁
- 鶏ひき肉……200g
- めんつゆ(3倍濃縮)……カップ1/2
- 水……カップ1¼
- 水溶き片栗粉
  - 片栗粉……大さじ2
  - 水……大さじ2
- しょうが……1かけ
- のり……適量

作り方
[豆腐を切る]
1. 豆腐は8等分に切る。

[豆腐とひき肉を煮る]

2. 鍋に豆腐と鶏ひき肉、めんつゆ、分量の水を入れて中火にかけ、ふたをして10分ほど煮る。
3. 鶏肉の色が変わり全体に火が通ったら、火を弱めて水溶き片栗粉を回し入れてとろみをつける。
4. ③を器に盛ってしょうがをおろしてのせ、細く切ったのりを飾る。

水溶き片栗粉は豆腐の間に流し入れ、すぐに混ぜる。

新じゃがのみそ汁

めんつゆを使っただしいらずの即席みそ汁

材料　4人分
- 新じゃが……2個
- めんつゆ(3倍濃縮)……大さじ2
- 水……カップ2
- みそ……大さじ2

作り方
[新じゃがを切る]
1. 新じゃがは皮つきのまま薄い輪切りにする。

[新じゃがを煮て、みそを溶き入れる]

2. 鍋に①とめんつゆ、分量の水を入れ、ふたをして強火にかけ、沸騰したら弱火にして煮る。
3. じゃがいもに火が通ったら、みそを溶き入れる。

はじめからみそ以外のすべての材料を鍋に入れて火にかける。

[グリルで魚を焼く] 冬

たらのホイル焼き甜麺醤（テンメンジャン）ソースの献立

ホイル焼きは、いっしょに包んだねぎやしょうがの香りで風味豊かに。
ほんのりピリ辛のカリフラワーの甘酢炒めが
箸休めになります。

チャーハン
仕上げのしょうゆは鍋肌から入れて香りを立たせるのがコツ

材料　4人分
- 温かいご飯……茶碗4杯分（600g）
- チャーシュー……160g
- 卵……3個
- 長ねぎ……15cm
- 塩……小さじ1/2
- こしょう……少々
- しょうゆ……小さじ1
- サラダ油……大さじ3

作り方
[材料を切る]
① 長ねぎは薄い輪切りにする。チャーシューは1cm角に切る。
[卵を焼く]
② 中華鍋にサラダ油大さじ1を強火で熱し、卵をボウルで溶いて入れ、手早くかき混ぜ半熟状になったら取り出す。
[ご飯と具を炒める]
③ ②の中華鍋にサラダ油大さじ2を強火で熱し、ご飯、チャーシュー、長ねぎを入れて炒め合わせる。
④ 塩、こしょうで調味し、②の卵をもどし入れて炒め合わせる。
⑤ ④の鍋肌からしょうゆを回しかけ、軽く全体を混ぜ合わせる。

しょうゆは鍋肌に当てながら入れると熱せられ、ひときわ香りが立つ。

たらのホイル焼き甜麺醤ソース
鍋も使わず、焼きっぱなしのホイル焼きはスピード調理の味方

材料　4人分
- 生たら（切り身）……4切れ
- A｜甜麺醤……大さじ2
　　｜酒……小さじ2
　　｜ごま油……小さじ1
- 長ねぎ……2本
- しょうが……1かけ
- 万能ねぎ……1本
- 塩……適量

作り方
[たらの下ごしらえをする]
① たらは塩をふってしばらくおき、キッチンペーパーなどで水けをおさえる。
[ねぎを切る]
② 長ねぎは斜め薄切りに、万能ねぎは小口切りに、しょうがは薄切りにする。
[たらとねぎをアルミホイルに包んでグリルで焼く]
③ アルミホイルに長ねぎとしょうがを並べてたら1切れをのせ、ボウルにAを合わせて塗り、包む。残りも同様に包む。
④ ③を両面焼きグリルに並べ、上下強火で8分焼く。
⑤ 焼き上がったら、万能ねぎをのせる。

焼き上がった状態。たらの下にねぎなどを敷いて焼くと、焦げつきにくい。

段取りのポイント

共通して使う長ねぎとしょうがはまとめて切ります。味をなじませたいカリフラワーの甘酢炒め、たらのホイル焼き、スープの順に取りかかり、チャーハンを最後に仕上げます。

	0	5	10	15	20(分)
チャーハン	🔥🔥🔥				具とご飯を炒める
カリフラワーの甘酢炒め	🔥🔥		カリフラワーを炒める		
豆腐とにらのスープ	🔥		スープを沸かし具を煮る		
たらのホイル焼き 甜麺醤ソース	🔥🔥🔥🔥		たらを焼く		

カリフラワーの甘酢炒め
カリカリとした食感で、サラダ感覚のさっぱりとした炒めもの

材料　4人分
- カリフラワー……1株(300g)
- しょうが……1かけ
- 長ねぎ……10cm
- 赤唐辛子(小口切り)……少々
- ごま油……大さじ1
- 合わせ調味料
  - 酢……大さじ3
  - みりん……大さじ2
  - 酒……大さじ1
  - 薄口しょうゆ……小さじ2
  - 鶏がらスープの素……小さじ1/2

作り方
[カリフラワーやねぎを切る]
① カリフラワーは小房に分ける。しょうがはせん切り、長ねぎは少し太めのせん切りにする。

[炒める]
② フライパンにごま油としょうがと赤唐辛子を入れて中火にかけ、香りが立ってきたらカリフラワーを加えて2〜3分炒める。

③ ボウルに合わせ調味料の材料を合わせ、長ねぎとともに②に加え、味をなじませるように手早く炒める。

＊火を入れすぎないようにして、カリフラワーのカリカリした食感を残す。

合わせ調味料の鶏がらスープは溶かしてから加える。

豆腐とにらのスープ
ザーサイのうまみと塩味を利用して中華風に

材料　4人分
- 絹ごし豆腐……1/2丁(150g)
- にら……1/2束(50g)
- ザーサイ……30g
- 水……カップ3
- 鶏がらスープの素……小さじ2
- 酒……大さじ1
- 塩、こしょう……各少々

作り方
[材料を切る]
① 豆腐は3〜4cm長さの拍子木切りにする。にらは3〜4cm長さに切る。ザーサイは細切りにする。

[スープを沸かし、具を煮る]
② 鍋に分量の水と鶏がらスープの素と酒、ザーサイを入れ、中火にかける。

③ 煮立ったら豆腐とにらを加えてひと煮立ちさせ、塩、こしょうで味をととのえる。

にらは最後に入れて色鮮やかに仕上げる。

ひよこ豆入りキーマカレーの献立

ひよこ豆入りキーマカレー／えびのタンドリー風／
じゃがいもとしし唐の炒めもの／にんじんラペ

レシピ 86 〜 87 ページ

鶏手羽元のポトフの献立

レシピ88〜89ページ

鶏手羽元のポトフ／豆腐とミニトマトのガーリックソテー／
じゃがいもの簡単グラタン／ブロッコリーとカリフラワーのホットサラダ

夏 [季節の食材の煮もの]
ひよこ豆入りキーマカレーの献立

フレッシュトマトを入れたキーマカレーは
食べやすく軽い仕上がり。
はちみつを隠し味に使ったにんじんラペはカレーによく合います。

ひよこ豆入りキーマカレー
煮込まないキーマカレーは覚えておくと重宝する時短メニュー

材料　4人分
- 豚ひき肉……200g
- ひよこ豆(缶詰)……1缶(230g)
- 玉ねぎ……1個
- トマト……1個
- にんにく……1かけ
- しょうが……1かけ
- サラダ油……大さじ3
- 水……カップ1
- カレー粉……大さじ3
- 塩……小さじ1/2
- ご飯……茶碗4杯分

作り方
[材料を切る]
❶ 玉ねぎとトマトは粗みじんに切る。にんにくとしょうがはすりおろす。
[肉と野菜を炒める]
❷ 炒め鍋またはフライパンにサラダ油を入れ、玉ねぎとトマトを中火で炒める。
❸ 玉ねぎがしんなりしてきたらひき肉を加え、肉の色が変わったらにんにく、しょうが、カレー粉、塩を加えて炒める。
[ひよこ豆を加えて煮る]
❹ ❸にひよこ豆と分量の水を加えてふたをし、沸騰したら弱火にして10分煮込む。
❺ 皿にご飯を盛り、❹をかける。

ひよこ豆を入れたらあとは煮るだけ。炒め鍋やフライパンで作るほうが便利。

えびのタンドリー風
インド料理の本格的な味を家庭のグリルで実現

材料　4人分
- えび(殻つき)……大12尾
- 塩、こしょう……各少々
- A
  - プレーンヨーグルト(無糖)……カップ1
  - カレー粉……大さじ3
  - にんにく……1かけ
  - しょうが……1/2かけ
- 香菜(シャンツァイ)……適宜

作り方
[えびの下ごしらえをする]
❶ えびは竹串などで殻の上から背わたを取り、塩、こしょうをふる。にんにくとしょうがはすりおろす。
❷ ボウルまたはポリ袋にAを入れてよく混ぜ、❶のえびを加えて焼く直前までつけておく。
[グリルで焼く]
❸ 両面焼きグリルにアルミホイルを敷き、❷のつけだれを軽く取って並べ、上下強火で6〜7分焼く。
❹ 皿に❸を盛り、あれば香菜を添える。

火の通りにくい殻を外側に向けて並べて焼く。

段取りのポイント

共通して使うしょうがとにんにくはまとめてすりおろす。カレーから作り、煮る工程になったら、にんじんの下ゆで、じゃがいもの炒めもの、えびのタンドリー風を順に取りかかります。

	0	5	10	15	20(分)
ひよこ豆入りキーマカレー 🔥🔥🔥		具を炒めて煮る			
じゃがいもとしし唐の炒めもの 🔥🔥				じゃがいもとしし唐を炒める	
にんじんラペ 🔥			にんじんをゆでる		
えびのタンドリー風 🔥🔥🔥🔥				えびを焼く	

じゃがいもとしし唐の炒めもの　🔥🔥
じゃがいもは大きいと炒め時間が長くなるので1cm太さぐらいに

材料　4人分
じゃがいも……2個
しし唐……12本
にんにく……1かけ
サラダ油……大さじ1
塩、こしょう……各少々

作り方
[じゃがいもとしし唐を切る]
❶　じゃがいもは皮つきのまま6〜8等分のくし形または1cm太さの棒状に切る。しし唐は切り目を入れる。にんにくは包丁でつぶす。
[炒める]
❷　フライパンににんにくとサラダ油を入れて中火で熱し、香りが立ってきたらじゃがいもとしし唐を加えて炒める。
❸　じゃがいもがやわらかくなったら塩、こしょうで調味する。

にんにくの香りが立ってきたらじゃがいも、しし唐を加える。短時間で仕上げたいときはふたをする。

にんじんラペ　🔥
にんじんはさっと火を通すことで味のしみ込みがよくなります

材料　4人分
にんじん……1本
A｜サラダ油……小さじ1
　｜はちみつ……小さじ2
　｜酢……小さじ1
くるみ……30g
レーズン……適量

作り方
[にんじんを切る]
❶　にんじんは皮つきのまま包丁かスライサーでせん切りにする。くるみは細かく砕く。レーズンは水につける。
[にんじんをゆでる]
❷　鍋に湯を沸かし、にんじんを約1分ゆでてざるにあげ、冷ます。
[和える]
❸　ボウルにAを合わせ、❷とくるみ、水けをきったレーズンを加えて混ぜ合わせる。

熱湯に入れてさっと火を通す。下ゆでしないで、ざるににんじんを広げ、熱湯をかけてもよい。

[季節の食材の煮もの]

冬 鶏手羽元のポトフの献立

ポトフは、骨つきの手羽元からしみ出たうまみを
たっぷり含んだ野菜が美味。
クリーミーなじゃがいものグラタンで味のバランスをとりましょう。

鶏手羽元のポトフ

"材料を切ってまとめて鍋に入れる"だけでできる主菜

材料　4人分
- 鶏手羽元……8本
- キャベツ……1/4個
- 玉ねぎ……1/2個
- にんじん……1/2本
- セロリ……1本
- 白ワイン……大さじ2
- 固形スープの素……1個
- 水……カップ5
- ローリエ……1枚
- 塩……小さじ1/2
- こしょう……少々

作り方

[鶏手羽元と野菜を切る]
1. 鶏手羽元は骨に沿って切り目を入れる。
2. キャベツは縦4等分、玉ねぎは4等分のくし形に切る。にんじんは皮つきのまま乱切り、セロリは4cm長さに切る。

[煮る]

3. 大きめの鍋に①と②と白ワイン、固形スープの素、分量の水、ローリエを入れてふたをして強火にかけ、沸騰したら中弱火にして約15分煮込む。
4. 野菜がやわらかくなったら、塩、こしょうで味をととのえる。

鶏手羽元からうまみが出るので、野菜の間に入れて煮込む。

豆腐とミニトマトのガーリックソテー

豆腐は中火でこんがりと焼き色をつけて

材料　4人分
- 木綿豆腐……1丁
- ミニトマト……12〜16個
- 塩(あればハーブソルト)……小さじ1
- こしょう……少々
- にんにく……1かけ
- オリーブオイル……大さじ2
- イタリアンパセリ……適宜

作り方

[豆腐を切る]
1. 豆腐はキッチンペーパーなどでくるんで軽く水けをおさえて8等分に切り、塩、こしょうをふる。
2. ミニトマトはへたを取る。にんにくは包丁でつぶす。

[豆腐とトマトを焼く]

3. フライパンににんにくとオリーブオイルを入れて中火にかけ、香りが立ってきたら①を入れ、焼き色がつくまで両面を焼く。
4. ミニトマトを③に加えて軽く焼く。

[仕上げる]

5. 皿に④を盛り、あればイタリアンパセリをちぎって散らす。

豆腐は何度も引っくり返したりしないでじっくり両面を焼く。

段取りのポイント

コトコト煮込むだけのポトフから取りかかります。ホットサラダの野菜をゆで、グラタンをグリルにセットしたら豆腐を焼きはじめましょう。

		0	5	10	15	20(分)
鶏手羽元のポトフ	🔥🔥🔥	鶏手羽元と野菜を煮込む				
豆腐とミニトマトのガーリックソテー	🔥🔥			豆腐を焼く		
ブロッコリーとカリフラワーのホットサラダ	🔥		野菜をゆでる			
じゃがいもの簡単グラタン	▮▮▮			グラタンを焼く		

じゃがいもの簡単グラタン
ホワイトソースは使わずに生クリームで作ります

材料　4人分
- じゃがいも……2個
- 長芋……10cm
- 生クリーム……カップ1/2
- ピザ用チーズ……100g
- 塩、こしょう……各少々

作り方
[じゃがいもと長芋を切る]
① じゃがいもは皮をむいて薄い半月切りにする。長芋は皮をむいて薄い輪切りにする。

[容器に芋と生クリームを入れ、グリルで焼く]
② ①を直火対応の容器に入れて塩、こしょうをし、生クリームを注いでチーズをのせる。
③ ②を両面焼きグリルに置き、上下弱火で約10分焼く。

容器によって焼き時間が変わるので、様子を見ながら調節を。

ブロッコリーとカリフラワーのホットサラダ
カレー風味でマヨネーズにアクセントを

材料　4人分
- カリフラワー……1/2株(100g)
- ブロッコリー……1/2株(100g)
- A | マヨネーズ……大さじ1
　　| カレー粉……小さじ1/2
　　| 牛乳……適量

作り方
[野菜を切る]
① カリフラワーとブロッコリーは小房に分ける。

[ゆでる]
② 鍋に湯を沸かし、①を2分ほどゆでてざるにあげる。

[ソースを作る]
③ Aのマヨネーズとカレー粉を混ぜ、牛乳で好みのやわらかさにのばす。
④ 器に②を盛り、③をかける。

やわらかめがお好みなら、ゆで時間をもう少し長めにする。

春

一気に作って、みんなといっしょに楽しく飲みましょう！

家飲みのおつまみは20分で6品+デザート

品数は多くても、ゆでたり蒸し焼きにしたりするので、意外に手がかかりません。

レシピ制作/仲野香織

1

あさり・ベーコン・そら豆の蒸し焼き

材料　4人分

あさり……400g	オリーブオイル……大さじ1
そら豆……16個	酒……大さじ3
ベーコン(ブロック)……150g	パセリ……適量
にんにく……1かけ	塩、こしょう……各少々

下ごしらえ
あさりは約3%の塩水(水カップ1に塩約小さじ1)につけて砂出しし、よく洗う。

作り方
❶ そら豆は薄皮をむく。ベーコンは2cm角に切る。にんにくは包丁でつぶす。パセリは粗く刻む。
❷ フライパンにオリーブオイルとにんにくを入れて中火で熱し、香りが立ってきたら、そら豆とベーコンを加えてさっと炒め、酒を加えてふたをし、蒸し焼きにする。
❸ そら豆がやわらかくなってきたら、あさりを加えて再びふたをし、蒸し焼きにする。
❹ あさりの口が開いたらパセリをふり、味見をして塩けが足りなければ塩、こしょうで味をととのえる。

2

大人のポテサラ

材料　4人分

じゃがいも……2個(380g)	A	マヨネーズ……大さじ3
黒オリーブ……10粒		牛乳……大さじ1
		おろしにんにく……小さじ1/2
		アンチョビ……1枚(10g)

作り方
❶ じゃがいもは皮をむいて1.5cm角に切り、鍋に入れてひたひたの水を加え、ふたをして5〜7分ゆで、やわらかくなったらふたをとり、鍋を動かしながら水けをとばし、粉ふきいもにする。
❷ ボウルにAを合わせアンチョビをつぶすように混ぜ、①と輪切りにした黒オリーブを加えて和える。

段取りのポイント

アスパラとじゃがいもは最初にゆでてしまい、えびとチーズ、いちごをグリルで焼きはじめます。あさりの料理に取りかかり、蒸し焼きの段階になったらワンタンを揚げます。

		0	5	10	15	20(分)
あさり・ベーコン・そら豆の蒸し焼き	🔥🔥🔥			あさりとベーコンなどを蒸し焼きにする		
アスパラマリネ、揚げワンタン	🔥🔥		アスパラをゆでる		ワンタンを揚げる	
大人のポテサラ	🔥		じゃがいもをゆでる			
えびとスナップえんどう、チーズ、いちご	[グリル]			えび、チーズ、いちごを焼く		

アスパラマリネ 🔥🔥

材料　4人分
グリーンアスパラ……8本
A ｜ 粒マスタード……大さじ1
　｜ 酢……大さじ1
　｜ 砂糖……小さじ2
　｜ 薄口しょうゆ……小さじ1
オリーブオイル……小さじ1

作り方
❶ アスパラはかたい根元部分を切り落とす。
❷ 鍋に湯を沸かし、塩少々（分量外）を入れて①をゆでる。
❸ ボウルにAを合わせ、②を入れて和え、オリーブオイルを少しずつ加えて混ぜ合わせる。

揚げワンタンチップスのせサラダ 🔥🔥

材料　4人分
ワンタンの皮……8枚
揚げ油……適量
レタス……適量
オリーブオイル……適量
塩、こしょう……各少々

作り方
❶ ワンタンの皮はキッチンばさみで細く切り、200℃の油でカリッと揚げる。
＊温度調節機能があれば200℃に設定。
❷ レタスは手でちぎって器に盛り、①をたっぷりのせる。食べる直前に、オリーブオイル、塩、こしょうで調味する。

家飲みのおつまみは20分で6品+デザート

えびとスナップえんどうのホイル焼き

材料　4人分
- えび……12尾
- 酒……大さじ1
- スナップえんどう……8本
- オリーブオイル……小さじ1
- 塩……少々
- A
  - レモン汁……大さじ1⅓
  - しょうゆ……小さじ2
  - かつお節……適量

作り方
❶ えびは尾を残して殻をむいて背わたを取り、酒をふる。スナップえんどうは筋を取る。
❷ ①にオリーブオイルをまぶし、塩を全体にふる。
❸ 両面焼きグリルにアルミホイルを敷いて②を並べ、上下強火で8〜10分焼く。
❹ ボウルにAを合わせ、③を和える。

カマンベールチーズグリル焼き

材料　4人分
- カマンベールチーズ……1個
- クラッカー……適量

作り方
❶ カマンベールチーズは十文字に切り目を入れ、アルミホイルで上面を開けた状態で包み、両面焼きグリル上下強火で7分焼く。
＊7分経過したら、チーズを取り出す。
❷ 皿にのせクラッカーを添える。

いちごソースがけバニラアイス

デザート

材料　4人分
- いちご……6個
- 砂糖……小さじ1/2
- バニラアイスクリーム……適量

作り方
❶ いちごは2〜4等分に切って砂糖をまぶし、アルミホイルに包んで両面焼きグリル上下強火で約10分焼く。
❷ ①をボウルに入れてフォークなどでつぶし、器に盛ったバニラアイスにかける。

えびとスナップえんどう、チーズ、いちごはグリルで同時調理。焼き上がっていちごのアルミホイルを開けた状態。途中で取り出すチーズは手前に置く。

作りおきで家飲み

前もって準備しておいたほうが
おいしくなるおつまみ2品です。

グリルローストビーフ

材料　作りやすい分量

牛ももかたまり肉
　……400g
　（厚さが3cm程度のもの）
塩……小さじ1/2
こしょう……適量
にんにく……1かけ
クレソン……適量
ゆずこしょう……適宜

下ごしらえ
[牛肉を室温にもどす]
牛肉は冷蔵庫から出して、室温にもどす。

作り方
❶　牛肉に塩、こしょうを手ですり込む。にんにくは薄切りにする。
❷　①の牛肉に包丁の先で数ヵ所切り込みを入れ、にんにくを差し込む。
❸　②を両面焼きグリルにのせ、上下強火で7〜10分焼く。
❹　③の肉をグリルから取り出してアルミホイルで包んで肉汁を落ち着かせる。
❺　④が冷めたら好みの厚さに切って皿に盛り、クレソンとあればゆずこしょうを添える。

肉とピクルスの野菜はグリルで同時調理。焼き上がって野菜のアルミホイルを開けた状態。肉は奥に、野菜は手前に並べる。

ピクルス

材料　作りやすい分量

セロリ……5cm
にんじん……5cm
きゅうり……1/2本

ピクルス液
　酢……カップ1/2
　砂糖……大さじ2
　塩……小さじ1
　ローリエ……1枚

作り方
❶　セロリ、にんじん、きゅうりはスティック状に切り、アルミホイルで包む。
❷　両面焼きグリルに①を置き、ローストビーフといっしょに7〜10分焼く。
❸　ボウルなどにピクルス液を混ぜ合わせて②の野菜が温かいうちにつけ、そのまま冷ます。

索引

ご飯・めん
アスパラ・じゃこご飯　80
カッテージチーズパスタ　30
かぼちゃの和風リゾット　46
きのこのペンネ　34
チャーハン　82
鶏肉のスパイシーご飯　54
ベーコンとれんこんのクリームフェトチーネ　14
野菜たっぷりあんかけ焼きそば　18

焼きもの
●フライパン
かに玉風あんかけ　75
牛肉ステーキバルサミコ風味　34
3色スティックかじきのソテー　56
ズッキーニのスペイン風オムレツ　57
豆腐とミニトマトのガーリックソテー　88
鶏肉の照り焼き　62
豚肉のしょうが焼き　64
豚ヒレ肉のしそマスタード焼き　30
ポークソテー・マスタードソース　46

●グリル
あじのごま焼き　76
えびとスナップえんどうのホイル焼き　92
えびのタンドリー風　86
かぶと帆立て貝のグリル焼きアンチョビソース　15
カマンベールチーズグリル焼き　92
グリルローストビーフ　93
ココット入りエッグベネディクト　44
さわらのマヨしょうゆ焼き　80
塩焼き鶏のトマトのせ　68
じゃがいもの簡単グラタン　89
たらのホイル焼き甜麺醬ソース　82
豆腐の肉詰めグリル焼き　39
豚肉のみそ漬け焼き　70
豚の韓国風焼き肉　26
帆立ての甘辛じょうゆ漬け焼き　サラダ仕立て　19

炒めもの
秋なすと豚肉の炒めもの　74
あさり・ベーコン・そら豆の蒸し焼き　90
いかとトマトのにんにく炒め　76
えびのチリソース　38
カリフラワーの甘酢炒め　83
キムチ豆腐　26
ごちそう酢豚　40
じゃがいもとしし唐の炒めもの　87

青梗菜としめじの蒸し炒め　22
なすとピーマンのごまみそ炒め煮　68
れんこんとかぶのXO醬炒め　38
れんこんとベーコンの塩炒め　63

煮もの
えびと豆腐のうま煮　51
サーモンのアクアパッツァ　55
新じゃがのバターじょうゆ煮　64
ソーセージとレンズ豆の煮もの　44
大根のゆずみそのせ　71
豆腐のひき肉あんかけ　81
鶏手羽元のポトフ　88
白菜とさつま揚げの煮びたし　70
ひよこ豆入りキーマカレー　86
ラタトゥイユ　57

揚げもの
秋鮭の南蛮漬け　22
えびと野菜のチーズフリット　14
魚介のアヒージョ　56
ぶりの香り竜田揚げ　50
野菜の揚げびたし　77

蒸しもの
しっとり鶏胸肉の香味ソース　18
はまぐりと春野菜の酒蒸し　41

和えもの・サラダ
揚げワンタンチップスのせサラダ　91
アスパラマリネ　91
いろいろきのこのグリル焼き　74
彩り洋風白和え　23
大人のポテサラ　90
季節のグリル野菜の和風マリネ　51
ゴーヤの梅ツナ和え　69
淡色野菜のグリルサラダ　55
トマトのブルスケッタ　58
なすのナムル　27
にんじんラペ　87
ヌードル風温野菜サラダ　45
バーニャカウダ　58
ピクルス　93
ブロッコリーとカリフラワーのホットサラダ　89
ブロッコリーのごま和え　62
焼き竹の子とそら豆のからしじょうゆ　65
レンズ豆とさつまいものサラダ　35

汁もの・スープ

- アスパラと豆腐のみそ汁　65
- あったか豆乳のヴィシソワーズ　45
- オクラとめかぶのお吸いもの　69
- かき玉汁　50
- かぶとベーコンのスープ　47
- きのこと豆のズッパ　54
- けんちん汁　63
- コーンスープ　39
- 子大豆もやしのスープ　27
- 小松菜と油揚げのみそ汁　71
- ささ身とレタスのスープ　40
- 新じゃがのみそ汁　81
- 青梗菜とハムのクリームスープ　75
- 豆腐とにらのスープ　83
- 豆腐のすり流しみそ汁　77
- 鶏白湯（パイタン）スープ　19
- 夏野菜のトマトスープ　31
- 焼きなすのみそ汁　23

デザート

- いちごソースがけバニラアイス　92
- バナナのごまクリーム巻き　41
- ベイクドアップル　47
- 焼きいちじくのヨーグルト添え　35
- 焼きバナナマシュマロ　31
- 洋なしのコンポート　15

カバー掲載料理の作り方

オープンオムレツ

材料　直径20cmのフライパン1台分
- ピーマン(1.5cm角に切る) ……2個
- 玉ねぎ(1.5cm角に切る) ……1/4個
- マッシュルーム(薄切りにする) ……8個
- ハム(1.5cm角に切る) ……4個
- 溶き卵……8個分
- オリーブオイル……大さじ1
- 塩、こしょう……各少々

作り方
① フライパンにオリーブオイルを中火で熱して玉ねぎを炒め、透き通ったらピーマン、マッシュルーム、ハムを加えて炒める。塩、こしょうで調味して卵液を流し入れ、2〜3回大きく混ぜたらふたをして好みのかたさに焼く。

アクアパッツァ

材料　4人分
- 鯛(下処理済み) ……1尾
- にんにく(包丁でつぶす) ……1かけ
- 赤唐辛子……1本
- オリーブオイル……適量
- A｜あさり(砂抜きする) ……16粒
- ｜ミニトマト……8個
- ｜黒オリーブ……8個
- ｜ケッパー……大さじ1
- ｜ドライトマト(刻む) ……4個
- ｜白ワイン、水……各カップ1/2
- 塩、こしょう……各適量
- イタリアンパセリ……適宜

作り方
① フライパンにオリーブオイルとにんにく、赤唐辛子を入れて中火で温め、香りが立ってきたら鯛の表になるほうを下にして焼く。
② ①の鯛を裏返してAを加え、塩、こしょうをして、ふたをして蒸し煮にする。
③ あさりの口が開いたらふたをとり、魚に煮汁を回しかけながら煮詰め、仕上げにオリーブオイルを回しかけ、あればイタリアンパセリを散らす。

グリルチキンと野菜のバーニャカウダ

材料　4人分
- 鶏もも肉……100g
- 塩、こしょう……各少々
- パプリカ(赤・黄/細切りにする) ……各1/2本
- れんこん(1cm厚さの半月切りにする) ……60g
- かぶ(くし形に切る) ……大1個
- バーニャカウダソース
  - アンチョビ……10g
  - 生クリーム……50g
  - おろしにんにく……少々

作り方
① 野菜にオリーブオイル(分量外)をからめる。鶏肉に塩、こしょうをふり、切り込みを入れる。ココットにバーニャカウダソースの材料を入れる。
② 両面焼きグリルに①を並べ、上下強火で8〜10分焼く。

かぼちゃのポタージュ

材料　4人分
- かぼちゃ（一口大に切る）……300g
- A｜固形スープの素……1個
- ｜水……カップ3/4
- ｜ローリエ……1枚
- 牛乳……カップ2
- 塩、こしょう……各適量
- パセリ(みじん切り) ……適宜

作り方
① 鍋にかぼちゃとAを入れて強火にかけ、かぼちゃがやわらかくなったら火を止め、ローリエを取り除く。
② かぼちゃをブレンダーでなめらかにし、牛乳を加えて混ぜながら中火で煮る。塩、こしょうで味をととのえ、あればパセリを散らす。

■監修
環境に優しい食育協議会
■企画プロデュース
工藤裕子・杉山智美(東京ガス「食」情報センター)
■コーディネーター
吉田智子(東京ガス Studio + G GINZA)
■撮影
青砥茂樹・齋藤 浩(本社写真部)
■装丁・本文デザイン
茂木隆行
■スタイリング
鈴木亜希子
■編集
熊谷美智世
■協力
奥野あづさ・西村磨智子(東京ガス Studio + G GINZA)

■レシピ制作　(五十音順)
飯島 淳　HMIホテルグループ総料理長
大高智子　「Cookery A-Five」主宰
大矢るり子　食育研究家 / 東京都公立小学校家庭科研究会顧問
海福聡子　「お菓子と料理の教室 Table Please」主宰
川島 薫　イタリア家庭料理講師
姜 朋子　「ミセスカンホームキッチン」主宰
小栁津大介　「おこん」代表取締役
中嶋一紀　ＡＮＡインターコンチネンタルホテル東京
　　　　　中国料理「花梨」副料理長
仲野香織　「Smile Kitchen 八千代中央」主宰
平沼亜由美　「料理教室 Bon appetit」主宰
広嶋栄美子　「成城バランスクッキング」主宰
堀 祐子　「堀クッキング教室」主宰
満留邦子　料理研究家 / 管理栄養士
宮本久美子　「ラトリエ ド クーベ」主宰
渡辺 麗　「Japan Home Cooking in Tokyo」主宰

＊レシピ制作者名が特に記載されていないものは、東京ガス「食」情報センターが制作。

■料理制作
東京ガス Studio + G GINZA スタッフ
市川智美・内山けい子・後藤由佳・斉藤真理子・戸村久恵・堂薗寛子・藤平聞子

20分で4品ごはん
ガスコンロ＋魚焼きグリルで「あっ！」という間

2016年10月13日　第一刷発行

著 者　東京ガス「食」情報センター

発行者　鈴木 哲
発行所　株式会社　講談社
　　　　〒112-8001
　　　　東京都文京区音羽2-12-21

印刷所・製本所　大日本印刷株式会社

[この本についてのお問い合わせ先]
編集　03-5395-3644
販売　03-5395-3606
業務　03-5395-3615

落丁本・乱丁本は、購入書店名を明記のうえ、小社業務あてにお送りください。送料小社負担にてお取り替えいたします。
なお、この本についてのお問い合わせは、編集あてにお願いいたします。
定価はカバーに表示してあります。
本書のコピー、スキャン、デジタル化等の無断複製は著作権法上での例外を除き禁じられています。
本書を代行業者等の第三者に依頼してスキャンやデジタル化することは、たとえ個人や家庭内の利用でも著作権法違反です。
ISBN　978-4-06-220286-2
©Tokyo Gas, Kodansha 2016,Printed in Japan